• 처음북스의 책들 •
www.cheombooks.net

여행

악당은 아니지만 지구정복
350만원 들고 떠난 141일간의 고군분투 여행기
안시내 지음

스물두 살, 인생의 가장 아름다운 시기에 세상을 돌아보겠다는 계획을 세웠다.
은행에서, 카페에서, 그리고 주말엔 베이비 시터까지… 치열하게 노력했다.
영화처럼, 갑자기 악화된 집안 사정,돈을 보태고 나니 남은 돈은 350만원뿐.
그래도 기죽지 않는다! 작은 발로 뚜벅뚜벅 세계를 향해 나아간다.

건강 · 취미 · 실용

인간은 왜 세균과 공존해야 하는가

마틴 블레이저 지음 · 이유경 옮김

어렸을 때, 단 한 번의 항생제 사용으로도 우리 몸의 미생물계는 크게 타격을 입
는다. 사라진 미생물은 천식, 비만, 당뇨 등의 현대병이 늘어나는 중요 요인이라
고 이 책은 주장한다. 항생제가 남용되고 있는 시점과 현대병이 늘어나고 있는
시점이 겹친다는 것은 과연 우연일까?

통증에 대한 거의 모든 것
음식, 운동, 습관, 약물, 치료로 통증 극복하기

해더 틱 지음 · 이현숙 옮김

인간을 이해하면 통증은 치료된다.
닥터 틱은 건강에 초점을 맞춘 새로운 통증 관리 방식을 제시한다.
이 책의 목적은 현실적이며 고무적인, 통증 없는 인생에 대한 처방이다.

이것이 진짜 메이저리그다

제이슨 켄달, 리 저지 지음 · 이창섭 옮김

하나의 투구는 결투가 되고, 한 번의 타격은 스토리가 된다.
투수가 언제 타자를 향해 공을 던지고, 타자는 왜 투수에게 달려드는가?
야구장 밖에서는 알 수 없는 메이저리그의 생생한 진짜 이야기.

두뇌혁명 30일

리차드 카모나 지음 · 이선경 옮김

미국 최고의 웰빙 리조트 '캐년 랜치'의 30일 뇌 개선 프로젝트
인간은 두뇌가 모든 것이다. 날카로운 사고, 통찰, 지성.
두뇌의 건강이 나빠지면 더 이상 이런 것들을 기대할 수 없을 것이다. 우리가 반드시 알아야 할 두뇌 건강에 대해 알아보자.

강아지와 대화하기

애견 언어 교과서

미수의행동심리학회(ACVB) 지음 · 장정인 옮김

내가 키우는 개, 잘 알고 계신가?
최고의 전문가로부터 개의 일반적 행동에 대해,
그리고 바람직한 행동을 할 수 있게 하는 방법에 대해 배워보자.

당뇨에 대한 거의 모든 것

당뇨는 치료될 수 있다

게리 눌 지음 · 김재경 옮김

사람들은 몇 년 후에 걸릴 병을 상담하러 병원에 오지 않는다. 사람들이 병원에 찾아갈 때는 병에 걸려서 치료가 어려워지기 시작한 그 이후다. 이 책은 적어도 몇 년 후에 당뇨병 때문에 병원에 갈 일은 없게 해줄 것이다. 당뇨의 원인과 예방, 대증요법, 그리고 당뇨에 대해 궁금해했던 것을 이 한 권으로 해결할 수 있다.

▎청소년

소셜시대 십대는 소통한다

다나 보이드 지음 · 지하늘 옮김

네트워크화 된 세상에서 그들은 어떻게 소통하는가.
이해 못할 이들을 이해하게 해주는 힘이 이 책에는 있다.

십대의 두뇌는 희망이다

혼란을 넘어 창의로 가는 위대한 힘

대니얼 J. 시겔 M.D 지음 · 최욱림 옮김

십대는 단지 억누르고 스쳐 지나가는 시기가 아니다. 십대의 톡톡 튀는 성향은 인류가 가진 본능이며 이 본능 덕분에 우리는 발전할 수 있었다. 이런 십대의 힘을 성인까지 유지할 수 있다면 우리는 또 다른 도약을 할 것이다. 아마존, 뉴욕타임즈 베스트셀러.

자연과학

상대성 이론이란 무엇인가

제프리 베네트 지음 · 이유경 옮김

아인슈타인의 아이디어는 무엇이었으며, 우리에게 어떤 영향을 미치는가?
시간과 공간이 휘어져 있다는 놀랍도록 신기한 이야기가 놀랍도록 쉽게 펼쳐진
다. 숫자와 공식을 전혀 몰라도 재미있게 볼 수 있는 본격 상대성이론 이야기.

여섯 번째 대멸종

엘리자베스 콜버트 지음 · 이혜리 옮김

여섯 번째 대멸종의 원인은 인간인가?
아프리카에서 처음 생겨난 인류는 전 세계로 조금씩 발을 넓혀 펴져 나갔다.
인류의 발자취가 발견되는 곳에서는 꼭 거대동물의 멸종이 일어났다. 과연 우연
일까?

당신이 10년 후에 살아있을 확률은

폴 J. 나힌 지음 · 안재현 옮김

세상에는 무수한 확률이 가득 차 있다. 그러나 대부분의 사람은 확률이 아니라
우연에 의지한다.
지금부터 이 책이 우연이 아니라 확률의 세상으로 인도할 것이다.

가정과 생활

부모를 위한 아티스트 웨이
예술적 감성을 가진 아이 키우기

줄리아 카메론 지음 · 이선경 옮김

『아티스트 웨이』로 수많은 독자의 가슴에 예술적 감성을 키워주었던 줄리아
카메론이, 이제 아이의 예술적 감성을 키워주는 진솔한 조언을 해준다.

우리 아기가 궁금해요
아기와 함께하는 재미있는 육아 실험 50가지

숀 갤러거 지음 · 장정인 옮김

아기의 발달 과정을 부모가 직접 파악할 수 있는 방법을 알려준다. 이 책에 실
린 실험들은 쉽고 흥미로우며, 과학적 내용을 바탕으로 한다. 부모가 갓 태어
난 아기를 이해하기에 더없이 훌륭한 수단이 아닐까 싶다

그린라이트 스피치

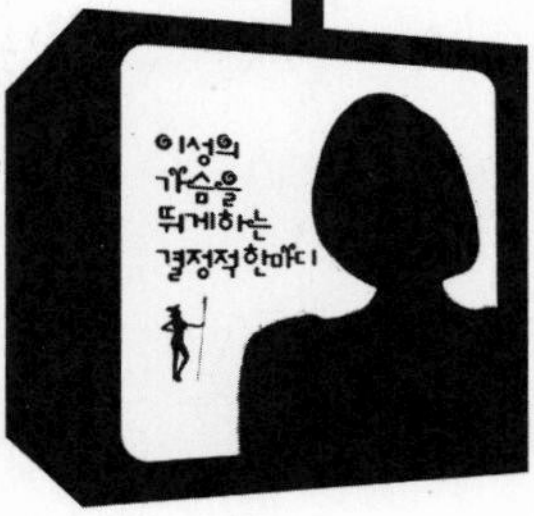

그린라이트 스피치

초판 1쇄 발행 2015년 4월 20일

지은이   이지은
발행인   안유석
편 집   이상모
표지디자인   박무선
내지일러스트   허한우
펴낸곳   처음북스, 처음북스는 (주)처음네트웍스의 임프린트입니다.

출판등록 2011년 1월 12일 제 2011-000009호
전화 070-7018-8812 팩스 02-6280-3032
이메일 cheombooks@cheom.net

홈페이지 cheombooks.net 페이스북 /cheombooks
트위터 @cheombooks 북클럽 http://cafe.naver.com/leadersbookclub
ISBN 979-11-85230-50-4 03190

그린라이트 스피치

이지은 지음

이성의 가슴을 뛰게하는 결정적 한마디

처음북스

인생의
그린라이트를
기다리는
모든
청춘 남녀에게

취업 준비생을 대상으로 대학에서 강의를 하던 중, 한 학생이 물었다.

"왜 면접을 볼 때 말 잘하는 사람을 뽑나요? 말을 잘한다고 다 일을 잘하는 것은 아닌데."

맞는 말이다. 말을 좀 잘한다고 다른 이보다 취업의 문턱을 넘기 쉽다니, 억울 할만도 하다. 그러나 말은 나의 됨됨이를 드러낼 수 있는 가장 빠르고 쉬운 방법이다. 게다가 정해진 시간에 나를 제대로 표현하는 것은 큰 능력이다. 표현 과정을 치밀하게 선택해야 상대를 감동시키는 말이 되기 때문이다. 수많은 대학, 수많은 기업체에서 스피치 특강을 할 때마다 많은 이들이 '제대로 말하는 법'에 대한 질문을 던졌다. 그들과 고민을 함께 하며 말을 잘하기 위한 실질적인 노하우, 그러나 아주 쉬운 방법을 연구하기 시작했다. 아나운서 지망생에게만 유용한 정보가 아니라, 누구나 활용할 수 있는 기술, 현실과 동떨어진 이론이 아니라 실제 옆에 앉아 있는 사람에게 호감을 줄 수 있는 스피치 기술을 생각했다.

그러던 중 CTS 라디오 방송 '청춘스케치' 팀에서 청춘들에게 도움이 될 만한 커뮤니케이션 스킬을 주제로 강의를 해달라는 섭외가 들어왔고 반가운 마음으로 청춘을 위한 '그린라이트 스피치'를 이야기하기 시작했다.

'그린라이트 스피치'라는 코너를 진행하며 놀라웠던 점은 프로그램 진행을 맡았던 강우진 MC(가수)의 변화였다. 회를 거듭할수록 발음, 시선, 제스처, 콘텐츠 구성 능력 등 스피치 기술이 눈에 띄게 발전했다. 게다가 보이는 라디오를 듣고 본 많은 청취자들로부터 도움을 받았다는 고마운 이야기를 들으며 우리들의 청춘 스피치에 관한 이야기를 책으로 만들어야겠다는 생각을 했다.

이 책이 나올 수 있기까지 많은 이들의 도움이 있었다. 매주 공개하는 스피치 스킬을 100퍼센트 소화했던 가수 강우진 님, 아름다운 외모에 당찬 내면까지 갖춘 완벽한 그녀, '청춘스케치' MC 김은지 아나운서, '청춘스케치'의 훈남 스텝들, 그리고 키즈스피치 마루지의 전근영 부원장, 김선경 팀장, 소혜준 팀장을 비롯한 미녀 강사들, 마지막으로 언제나 내가 앞으로 달려나갈 수 있게 해주는 사랑하는 가족에게 깊은 애정과 감사를 표한다.

인생의 그린라이트를 기다리는 모든 청춘 남녀에게 이 책을 바친다.

|차 례|

청춘을 위한

그린라이트 스피치

청춘에 관한 정의는 너무나 많다. 누군가는 아프니까 청춘이라고 하고, 누군가는 청춘은 가장 빛나는 순간이라고 한다. 또 다른 이는 '언젠간 가겠지, 푸르른 이 청춘, 지고 또 피는 꽃잎처럼'이라고 노래한다. 또 어떤 이는 인생의 특정 기간이 아니라 마음가짐이라고 한다. 청춘에도 유통 기한이 있으니 아끼지 말고 빨리 써버리라고 강조하는 이도 있다. 그 여자는 청춘에 대한 이야기를 떠올리며 친구에게 전화를 걸어 청춘이 무엇이냐고 물었다. 친구는 단칼에 '내게는 없었어. 아직 오지 않았나 봐' 하며 푸념을 늘어놓았다. 대부분 '이렇게 대답해야지' 하고 생각한 사람들처럼 모두 '청춘'에 대해 할 말이 많았다. 그만큼 갖고 싶은 것이 청춘일 것이다. 하지만 가까이 있을 때는 바짝 들이닥친 그것이 청춘이라고 생각하지 못하고 멀어지면 비로소 그것이 바로 청춘이었다고 느낀다. 그 여자는 지나갈까 두려워하며 청춘의 정점에 있기보다 내일이 청춘이라고 생각하는 편이 더 낫다는 결론을 내렸다. 빛나는 청춘이 바로 내일이다. 오늘 좀 지치고 아파도 내일은 청춘이 기다리고 있다. 그렇게 생각하면 오늘을 견디기가 수월해지지 않을까?

그 여자는 한 라디오 방송국으로부터 그런 '청춘'에 대한 이야기를 해달라는 제안을 받았다. 이 시대 청춘 남녀의 고민과 사랑을 이야기해 달라는 제안이다. 청춘이었을 때는 내 발등에 떨어진 불을 끄느라 세상을 펼쳐볼 여유가 없었다. 무엇을 해야 할지 알지 못해 세상을 꼬깃꼬깃 접어서만 봤다. 그런데 한바탕 청춘을 뒤집어쓰고 나니 이제 조금 보이는 것 같다. 오르막이 있으면 내리막도 있고 평지가 있으면 깊은 물도 있는 법. 그렇게 시간이 흐르고 나니 그 여자에게도 청춘에 대해 할 말들이 생겼다. 어떻게 하면 덜 아프게 더 아름답게 청춘을 보낼지를 함께 이야기 나눈다는 것만으로도 마음이 설레었다.

그 여자는 아름다운 청춘에 빠져 그 빛나는 시간을 미처 몰라보고 지나가는 사람들, 혹은 청춘의 한 자락을 잡고 아까운 마음에 놓지 못하는 사람들, 청춘이라는 말만 들어도 기분 좋은 사람들과 곧 만난다.

ON AIR라는 등이 켜진 스튜디오로 들어서며 우리들의 청춘에 관한 그린라이트 스피치를 시작한다.

작가_자~ 녹음 들어갑니다. 보이는 라디오니까 카메라도 신경 써주
시고요. 마이크 테스트 한번 하고 들어갑니다. 큐!

강우진_이번은 정말 기대되는 순서입니다. 스피치의 대가! 이지은 대
표님을 모시고 스피치에 대해 좋은 말씀 들어보겠습니다.

김은지_이지은 대표님, 안녕하세요!

이지은_네 안녕하세요. 반갑습니다.

김은지_네, 대표님. 이렇게 나와 주셔서 정말 감사 드리고요. 오늘 우
리 청취자 분들에게 들려주실 첫 번째 이야기는 어떤 건가요?

이지은_네, 요즘 젊은 남녀 사이에 호감이 느껴지는 상태를 뭐라고 하
는지 아시나요?

강우진_썸 탄다?

이지은_음, 그 말도 있네요. 그런데 서로의 호감이 확 느껴지는 순간, 그린라이트가 켜졌다고 하죠.

김은지_아, 맞아요. 그린라이트라는 말을 많이 쓰죠. 그래서 대표님이 그린 원피스를 입고 오신 거군요?

이지은_하하, 그렇네요. 그린라이트라는 말만 들어도 마음이 두근두근 설레는데요. 커뮤니케이션에서도 그린라이트가 있습니다. 꽉 막힌 불통이 아니라 뻥뻥 뚫린 그린라이트, 호감 가는 소통법을 말하는 건데요, 오늘 상대에게 그린라이트를 밝히는 호감 소통법을 이야기할까 합니다.

강우진_아, 호감 소통법.

이지은_커뮤니케이션에서 그린라이트를 팍팍 켜려면 아주 기본적인 요소가 필요한데요, 바로 좋은 목소리입니다. 두 MC분은 어떤 목소리를 좋아하시나요?

강우진_저는 예쁜 목소리요.

김은지_저는 낮은 목소리가 좋아요. 중저음의 목소리라고 하죠? 그런 남성분이 매력 있더라고요.

(((호감 가는 목소리와 발음)))

여성은 남성의 낮은 중저음 목소리를 좋아한다는 게 일반적인 연구 결과다. 낮게 깔린 음성을 들으면 그가 하는 말의 내용이 별 볼일 없는 것이라도 신뢰감을 느낀다. 반대로 남성은 여성의 어떤 목소리에 호감을 느낄까? 맑고 고운 목소리? 묵직한 저음? 예상대로 남성은 예쁜 여자를 좋아한다. 혹자는 처음 본 여성이라고도 한다.

　소개팅 자리를 상상해 보자. 정말 괜찮은 남자가 있는데 입을 열고 보니 아줌마 같은 말투를 쓰거나 찢어지는 목소리를 낸다면 어떤 기분이 들까? 처음 느꼈던 호감은 시간이 갈수록 바닥을 치고 누가 들을까 봐 주위 눈치를 볼지도 모른다. 남성의 경우도 마찬가지다. 예쁜 여성이지만 하는 말마다 가시가 돋쳐 있고 걸걸한 목소리로 호탕하게 웃는다면 장군감이지 여자 친구감은 아니라는 생각을 할지도 모른다. 좋아하는 TV 스타나 영화배우를 떠올려보자. 그 배우의 연기에도 끌리겠지만 말투나 목소리에 이끌리는 경우도 많을 것이다. 재미있는 것은 그런 중저음 목소리, 아름다운 목소리를 좋아하는 이유가 그런 목소리의 주인공이 인자하고, 착하고, 직업도 좋을 것 같다는 선입견을 갖기 때문이라고 한다. 목소리로 상대의 성격이나 배경을 예측한 뒤에 호감을 보인다는 말이다. 물론 부작용도 있다. 전화 통화를 하다가 감미로운 목소리로 이야기하는 그에게 낚여서 만났지만 그야말로 '보이스 피싱'일 경우도 있으니 말이다. 그렇다 하더라도 호감을 유지시키는 좋은 목소리와 말투는 그린라이트를 켜는 강력한 무기다. 이 글을 읽는 독자가 정우성이나 김태희가 아니라면 상대방을 붙잡아둘 강력한 무기, 즉 목소리를 만들어보는 건 어떨까? '내 목소리는 원래 이래' 하며 쉽게 포기하지 말고 부단히 노력해서 후천적으로 아름다운 목소리를 만들어보자. 변화할 수 있다는 열정과 믿음만 있으면 늦지 않았다.

나의 *네얄* 목소리 찾기

그린라이트를 켜는 목소리는 신뢰감을 주는 안정된 톤이다. 일부러 여성스럽게 보이려고 가늘게 내는 목소리는 목이나 코에 힘이 들어가서 말하는 사람도 지치고 쉽게 질린다. 남성도 본인의 신체 구조와 맞지 않는 호흡과 발성을 하면 마치 목젖 굴러가는 소리가 들리는 것처럼 느끼고 부담스러운 소리가 나온다. 본인의 몸에 맞는 호흡과 발성을 찾아내는 것이 좋은 목소리를 만드는 첫 번째 순서다. 목소리에는 기성복 사이즈처럼 표준화된 수치가 없다. 나에게 맞는 목소리를 어떻게 찾아내야 할지 막막하다면 다음 방법으로 찾아보자.

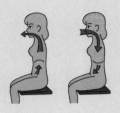

❶ 먼저 발을 어깨 너비만큼 벌립니다. 앉아서 할 경우에는 엉덩이를 의자 깊숙이

붙여 앉습니다.

❷ 허리와 목을 바르게 세웁니다.

❸ 팔은 힘을 빼고 자연스럽게 늘어뜨립니다.

❹ 배를 부풀려 숨을 들이마시고 '아~' 하는 소리를 길게 냅니다.

❺ 명치에서부터 아래쪽으로 3센티미터가량 내려온 지점을 손으로 툭툭 칩니다.

    '아~' 하는 소리를 내며 손으로 눌렀을 때 자연스럽게 나오는 음성이 본인의 몸에 맞는 음성이다. 이때 음성이 많이 흔들리거나 가슴쪽으로 힘이 많이 들어가는 것이 느껴지면 몸에 맞지 않는 음성을 내고 있는 것이다. 음성의 높낮이를 조금씩 조절하면서 최대한 그 음에 가깝게 맞춰보자. 한 번에 만족스러운 음성이 나오지 않는다면 내 몸과 음성에 집중해서 여러 번 시도해본다. 바이올린이나 기타를 연주하면 악기 속 공간에서 소리가 울려 퍼지듯 사람도 몸통에서 울림을 만들어야 좋은 목소리를 낼 수 있다. 하루 아침에 멋진 연주가가 될 수 없듯, 한 번에 내 진짜 목소리를 찾을 수는 없다. 내 몸에 집중해서 좋은 울림이 나는 그 지점을 꾸준히 찾아보자.

단단한 목소리 만들기

나에게 맞는 음성 톤을 찾았다면 그 톤을 유지하는 방법이 필요하다. 좋은 목소리를 유지하는 방법은 복식호흡으로 목소리를 단단하게 만드는 것이다. 늘어진 팔뚝 살이나 후덕한 옆구리 살을 빼려고 걷고 뛰고 운동하는 것처럼 흐물흐물한 목소리를 탄탄하게 만들려면 호흡운동이 필요하다. 매끈하고 단단한 목소리를 내기 위한 목소리 운동법! 다음과 같은 방법으로 단련해보자.

❶ 발을 어깨 너비만큼 벌리고 호흡 자세를 유지합니다.

❷ 4초(코) 들이마시고, 4초(입) 내쉽니다.

❸ 4초(코) 들이마시고, 8초(입) 내쉽니다.

❹ 4초(코) 들이마시고, 5초 동안 멈춥니다.

❺ 멈췄던 숨을 8초 동안 내쉽니다.

❻ 4초(코) 들이마시고, 5초 멈췄다가 12초(입) 내쉽니다.

❼ 4초(코) 들이마시고, 5초 멈췄다가 16초(입) 내쉽니다.

❽ 4초(코) 들이마시고, 5초 멈췄다가 20초(입) 내쉽니다.

내쉴 때는 '스~' 하고 바람 빠지는 소리를 낸다. '스~'하는 소리를 내면 혀와 입술, 얼굴 근육이 긴장해서 발음을 만드는 조음기관에 도움을 줄 수 있다. 이렇게 4초 동안 들이마시고 4초 동안 내쉬는 호흡을 하다가 내쉬는 호흡이 점점 길어지도록 연습한다. 처음에는 12초도 힘들지만 나중에는 20초도 거뜬하게 해낼 수 있다. 숨이 길어지면 이야기하는 중간에 거친 숨소리가 나지 않으므로 말이 매끄러워 진다. 호흡이 짧아 가쁜 숨을 몰아 쉬며 이야기하는 사람보다 긴 호흡과 단단한 목소리로 이야기하는 사람이 더 매력적이지 않을까?

❶ 안녕하세요?(호흡) 이지은입니다.(호흡) 반갑습니다.(호흡) 현주 씨한테(호흡) 이야기 많이 들었습니다.(호흡) 같은 부서에서(호흡) 일하신다고요?(호흡) 정말 좋은 이야기를(호흡) 많이 들었네요.(호흡)

❷ 안녕하세요? 이지은입니다. 반갑습니다.(호흡) 현주 씨한테 이야기 많이 들었습니다.(호흡) 같은 부서에서 일하신다고요?(호흡) 정말 좋은 이야기를 많이 들었네요.(호흡)

1번과 2번 중 호흡점이 잦은 것보다 적당히 길게 유지하는 쪽이 의미도 잘 전달되고 대화에 정성을 쏟는 것같이 느껴진다. 처음 만남에 그린라이트를 기대한다면 호흡을 길고 탄탄하게 만들어주는 것을 잊지 말자.

호흡을 길게 유지하는 방법에 익숙해졌다면 호흡을 깊게 누르는 방법을 연습해보자. 누구나 아나운서나 성우처럼 완벽한 목소리를 낼 수는 없지만 호흡을 깊게 누르는 방법을 알면 조금 더 편안한 목소리를 만들 수 있다. 호흡을 누르는 연습은 한쪽 발을 들고 하면 쉽다.

❶ 4초 동안 들이마시며 한쪽 발을 듭니다.

❷ 한쪽 발을 든 상태에서 8초 동안 '아∼' 하고 소리를 냅니다.

❸ 4초 동안 들이마시고 반대쪽 발을 듭니다.

❹ 한쪽 발을 든 상태에서 20초 동안 '아∼' 하고 소리를 냅니다.

❺ 이때 몸이 흔들리지 않게 중심을 잡고 연습합니다.

한 발을 들고 호흡을 연습하는 이유는 무게중심을 스스로 느끼고 맞추기 위해서다. 블록을 높이 쌓는 게임을 한다고 할 때, 넘어뜨리지 않고 가장 높게 쌓는 방법은 아랫면을 넓게 하고 위로 올라갈수록 좁게 맞추는 것이다. 호흡도 마찬가지다. 호흡이 가슴 위에서 들쑥날쑥 하면 무게 중심이 위로 올라가서 한 발로 서기 어렵다. 반대로 호흡을 깊게 누를수록 몸의 중심이 아래로 내려가서 한 발로 서서 이야기해도 많이 흔들리지 않는다. 이런 이유로 한 발을 들고 호흡을 내리는 연습을 하는 것이다.

호흡을 단단히 만들었다면 그 호흡을 발성으로 내질러보자. '어? 이상하다. 죽어라 연습했는데도 목소리가 마음에 들지 않아'라는 생각이 드는 것이 당연하다. 지금까지의 연습은 헬스장에서 걷기나 뛰기 등 기본기 훈련을 한 것과 같다. 말의 기초 체력을 닦았으니 그 체력을 바탕으로 말의 몸매를 가꾸는 시간이 필요하다. 탄탄한 말 맵시는 발성을 연습해야 만들 수 있다. 발성은 들이마신 숨을 말로 내뱉는 과정을 말한다. 발성을 할 때는 들이마신 숨이 우리 얼굴의 두 공간을 거쳐 나오게 되는데, 하나는 비강이고 다른 하나는 구강이다. 이 두 곳의 공간을 적절히 활용해 나오는 소리는 모가 나지 않고 부드럽게 들린다. 목욕탕에서 샤워를 하며 흥얼흥얼 콧노래를 부르면 목소리가 깊이 울리는 느낌을 받은 적이 있을 것이다. 내 얼굴에 있는 공간을 이용해서 그런 울림 효과를 낸다면 목욕탕이 아니더라도 감미로운 목소리를 만들 수 있다.

그렇다면 비강과 구강을 어떻게 활용할까?

먼저, 비강만 활용해서 소리를 내보자. 혀를 입천장에 바짝 붙이고 숨을 코로 내보내면서 '음~' 하고 소리를 낸다. 이때 혀 안쪽의 뿌리까지 입천장에 완전히 달라붙게 해야 한다. 이렇게 하고 소리를 내면 답답한 느낌의 목소리가 나오고 앵앵거리는 콧소리가 많이 섞일 것이다. 이와 같이 비강을 많이 사용하여 말하면 코맹맹이 소리가 많이 난다는 지적도 받고 애교가 많다는 이야기도 들을 것이다.

다음은 구강만 활용해 소리를 내보자. 한 손으로 코를 막고 들이마신 숨을 '아~' 하며 소리 낸다. 울리는 공간이 줄어들어 메마른 소리가 나오는 것을 느낄 수 있을 것이다.

그래서 말할 때는 두 공간을 한꺼번에 활용하는 것이 좋다. 입 속에 작은 공이 하나 있다고 생각해서 공간을 확보한 후 입술만 살짝 붙여 '음~' 하는 소리를 내보자. 입술과 인중 쪽이 바르르 떨릴 것이다. 이때 손바닥을 입술 쪽으로 가까이 대면 손바닥에 그 떨림이 전해질 정도로 진동이 강해야 한다. 그 상태에서 '음~ 아~' 하고 입술을 벌려 소리가 동그랗게 뭉쳐 나오는 느낌으로 뱉어보자.

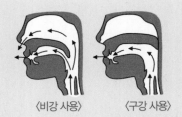

〈비강 사용〉　　　　　〈구강 사용〉

음~ 아~

음~ 가나다~

음~ 안녕하십니까~

음~ 동해물과 백두산이 마르고 닳도록~

　　떨림은 금방 전염된다. 내 목소리의 울림으로 상대방의 마음을 떨리게 만드는 것, 그것이 내 목소리로 그린라이트를 켜는 지름길이다.

호감 가는 말투

그린라이트를 켜는 또 하나의 방법은 말투다. 호감을 주는 두 가지 말투를 살펴보자.

　　첫 번째, 목소리의 높낮이로 생동감을 주는 것이다.

　　목소리가 좋은 사람 중에 의외로 똑같은 음 높이로 말을 하는 사람들이 많다. 특히 남성분들은 목소리의 높낮이를 올렸다 내렸다 하

라고 하면 '손발이 오그라드는 것 같아서 못하겠다'고 많이들 이야기
한다. 물론 남성분들이 여성들처럼 '어머~그랬어요오~ 저랬어요오
~?' 하며 올라갔다 내려갔다를 지나치게 반복하면 부담스러울 수도
있지만 처음부터 끝까지 반듯하게 한 음으로 말하는 것도 좋게 들리
지 않는다. 처음 몇 분은 참을 수 있겠지만 한 시간 동안 이런 남자와
이야기하는 것은 절대음감 테스트보다 힘들다. 같은 음이 반복되면
졸리기 마련이다. 이런 분들을 위한 특급 처방은 '도레미파솔'이다.
'도레미파솔'을 활용해서 목소리의 높낮이를 변화시켜 보자.

❶ 낮은 음부터 올라갑니다. 도~레~미~파~솔~

❷ 높은 음에서 내려옵니다. 솔~파~미~레~도~

❸ 낮은 음부터 올라갑니다. 음~음~음~음~음~

❹ 높은 음에서 내려옵니다. 음~음~음~음~음~

❺ 같은 방법으로 낮은 음에서 높은 음으로 올라갑니다. 안~녕~하~세~요~

❻ 같은 방법으로 높은 음에서 낮은 음으로 내려옵니다. 반~갑~습~니~다~

❼ 부드럽게 이어줍니다. 안녕하세요~반갑습니다.

　처음엔 어색하고 오글거려도 반복해서 연습하다 보면 '안녕하세
요~반갑습니다'뿐 아니라 '식사하셨어요?', '오늘 날씨 정말 춥죠?'
등의 일상 대화를 조금 더 생동감 있게 표현할 수 있다.
　만약, 중증의 '일자 목소리' 증후군을 앓고 있는 사람이라면 한 번

더 심화된 훈련을 해보자.

❶ 낮은 음과 높은 음을 번갈아 냅니다. 도~솔~도~솔~

❷ 높은 음과 낮은 음을 번갈아 냅니다. 솔~도~솔~도~

❸ 낮은 음과 높은 음을 번갈아 냅니다. 음~음~음~음~

❹ 높은 음과 낮은 음을 번갈아 냅니다. 음~음~음~음~

❺ 위아래로 음을 변화시켜 말합니다. 오~랜~만~이~에~요~

❻ 위아래로 음을 변화시켜 말합니다. 반~가~워~요~

❼ 부드럽게 이어서 말해봅니다. 오랜만이에요~반가워요~

말은 의미만 전달하는 것이 아니라 마음까지 전하는 것이라 생각하고, 낯간지러워도 진심을 다해 말해 보자. 상대의 마음이 열리는 것을 느낄 수 있을 것이다.

그린라이트를 위한 두 번째 말투! 분명한 목소리다.

처음 이성을 만난 자리는 누구에게나 어색하고 부담스럽다. 그 어색한 분위기를 더욱 북돋아주는 '어색 끝판 왕 말투'가 있다.

"저, 저녁 식사 하셨는…지.밥… 같이… 순댓국… 어떠신지….”

"오늘 시간…괜찮으…신…지….”

말끝을 호로록 호로록 들이마시는 습관이다. 상대의 눈치를 보면서 호로록. 자신이 없어서 호로록. 무슨 말을 하고 있는지도 모르게 대충 얼버무리고 마는 사람이 있다. 어떤 말을 하고 싶은지 끝까지 정확히 이야기하지 않으면 흐릿한 인상을 주기도 하거니와 불안하거나 자신감이 없어 보인다. 끝까지 또박또박 분명한 목소리를 내는 연습이 필요한 이유다. 만약, 유난히 자신 없게 말하는 습관이 있다면 그린라이트를 위한 특급조치, '박수 훈련'을 추천한다. 아래 / 표시에서 박수를 치면서 또박또박 분명하게 연습해보자.

> 안/녕/하/십/니/까?
> 반/갑/습/니/다.
> 식/사/하/셨/어/요?
> 이/런/건/ 어/떠/세/요?
> 같/이/ 영/화/ 보/실/래/요?

이처럼 마지막 어미 한 글자까지 꽉 붙잡고 발음하는 연습을 통해 또렷한 인상을 줄 수 있고 무슨 말을 하는지 의미를 잘 전달할 수 있다. 연습을 할 때 혼자서 웅얼웅얼 하는 것보다 거울 앞에 서서 바른 자세로 입 모양을 확인하는 것이 도움이 된다. 턱이 벌어지며 입술이 크게 만들어지는가, 발성이 제대로 나와서 목소리가 크게 들리는가를 체크하며 연습해보자.

호감을 주는 목소리를 만드는 발음 특훈!

젓가락을 활용해서 발음연습을 해볼까요? 한 번쯤 젓가락으로 발음훈련을 해보신 적 있으시죠? TV나 책에서 발음 훈련을 할 때 젓가락을 활용하면 좋다고 하는데, 정작 집에서 하려고 들면 어떻게 해야 하는 것인지, 제대로 하고 있는 것인지 헷갈릴 때가 많습니다. 그린라이트 스피치가 드리는 젓가락 발음 훈련 팁!

젓가락으로 하지 마세요!

젓가락 훈련을 젓가락으로 하지 말라고요? 네, 맞습니다. 일반적으로 나무 젓가락으로 훈련을 많이 하는데요. 여러분도 알다시피 나무젓가락을 물고 있으면 약품 냄새도 나고 감촉도 좋지 않아 저절로 인상을 찌푸리게 됩니다. 호감 가는 말을 연습하는데, 콧구멍을 한껏 벌리고 인상을 찌푸리면 안 되겠죠? 또 젓가락은 재질이 딱딱해서 입술과 혀의 움직임이 더 경직될 수 있습니다.

대신 빨대를 써보세요. 젓가락을 무는 것처럼 가로로 빨대를 살짝 물고 발음 연습을 합니다. 정확한 발음이 나오도록 입술을 많이 움직여주세요. 단 빨대가 많이 휘어지면 안 됩니다.

간장 공장 공장장은 간공장장이고, 된장 공장 공장장은 장공장장이다.

그리고 빨대를 빨리 빼고 위의 문장을 다시 한번 읽어 봅니다. 빨대를 물고 했을 때보다 입술의 움직임이 더 활발해진 것이 느껴지나요? 그 차이를 느끼면서 여러 가지 어려운 발음을 연습하면 됩니다.

빨대를 활용할 때의 주의사항은 너무 꽉 물어서 치아끼리 닿거나 빨대가 구부러져서 제 역할을 못하게 되는 것입니다.

빨대 훈련은 아나운서처럼 정확한 발음은 아니더라도 상대가 잘 들을 수 있는 깨끗한 발음을 하도록 해서, 호감 지수를 높이는 좋은 방법입니다.

질문의
기술

　　　　　　단발머리 여자는 십여 년 전에 KBS의 고향 취
재 프로그램에서 리포터로 활동했었다. 당시엔 새벽바람을 맞으며
남해로, 동해로, 서해로 달렸다. 시금치가 유명한 지역에서 부녀회장
아주머니와 시금치를 뽑아 들고 한바탕 고향 자랑을 하기도 하고 갈
치잡이 배를 타고 칠흑 같은 밤 바다에 나가 갈치 낚시를 하기도 했
다. 그때 리포터 '초짜'였던 여자를 괴롭힌 것은 뱃멀미도, 뼈가 시린
추위도 아닌, '적절한 질문'을 하는 것이었다. 난생처음 만나는 지역
어르신에게 뭐라고 말을 걸어야 할 것이며, 시청자들이 재미있어 할
만한 이야기를 끌어내려면 어떤 질문을 해야 하는 것일까? 어느 때는
엉뚱한 질문을 해서 담당 PD에게 눈물이 쏙 빠질 만큼 혼구멍이 나
기도 하고 아무도 궁금해하지 않는 질문을 해서 통편집을 당하는 날
도 있었다. 그 여자는 그때부터 '제대로 질문하는 방법'에 대해 고민
하기 시작했다. 고3 수험생의 기분으로 방송을 공부하고 어떻게 말을
건네야 내가 하고 싶은 이야기를 상대의 입에서 끌어낼 수 있는지 연
구했다.

　'이 갈치가 아까 봤던 그물로 잡으신 거예요?' 하고 김빠지는 질문

을 하던 그 여자는 "어쩜 이렇게 살이 쫀득쫀득할까요? 뭍에서 먹는 거하고는 정말 다른데요? 이 갈치한테 무슨 일이 있었던 거예요?"라고 질문할 정도로 발전했다. 이런 질문을 받은 선장은 배 자랑, 주낙 (물고기를 잡는 기구의 하나. 긴 낚싯줄에 여러 개의 낚시를 달아 물속에 늘어뜨려 고기를 잡는다) 자랑을 입이 아프도록 해댔다. 그 여자는 질문의 힘을 그렇게 배웠다. 어떻게 하면 상대가 더 신나서 말하는지, 어떻게 하면 상대가 나를 오래 기억하는지는 내가 하는 질문에 달려 있다는 것을 알았다. 방송에서뿐 아니라, '제대로 된 질문'은 인생을 살아가는 데에서 상황을 참 부드럽게 만든다. 상대에 대해 알고 싶다는 호의적인 마음을 말로 표현한 것이 질문이기 때문이다. 나를 편안하게 하고 상대를 편안하게 만드는 질문으로 우리 인생에는 통편집이 없길 바라며 그 여자는 녹음실 문을 연다.

김은지_어서오세요.

이지은_안녕하세요. 잘 지내셨나요?

강우진_와~ 대표님 오셨다! 대표님 오시니까 분위기 정말 좋아져요! 기다렸습니다.

김은지_그린라이트 스피치 두 번째 시간입니다.

이지은_네, 반갑습니다. 오늘 두 번째 그린라이트 스피치 시간에는 호감을 줄 수 있는 대화법을 시작해보려고 합니다. 대인관계를 시작할 때 가장 먼저 하는 말이 무엇일까요?

김은지_'안녕하세요?' 아닐까요?

이지은_네, 맞아요. 바로 질문 입니다. 안녕하세요? 식사하셨어요? 잘 지내셨어요? 이름이 어떻게 되세요? 등 상대에 대해 알고 싶기 때문에 질문을 하기 시작합니다. 그런데, 이런 질문 속에도 상대에게 호감을 줄 수 있는 비결이 숨어 있습니다. 우진 씨가 은지 씨에게 영화에 관한 질문 하나만 해 주시겠어요?

강우진_은지 씨! 영화 좋아하세요?

김은지_아니요.

이지은_은지 씨, 우진 씨의 질문을 받고 어떤 생각이 떠오르셨나요?

김은지_왜 이런 질문을 하는 걸까? 생각도 들고요. '안 좋아한다'는 정해진 답이 떠올랐어요.

이지은_네 맞아요. 어떤 질문인가에 따라 상대의 적극성이 결정되는데요, 어려운 질문, 곤란한 질문, 애매한 질문을 받았을 때 상대에 대한 호감도가 낮아진다고 합니다. 그린라이트를 켤 수 있는 질문은 다음 세 가지만 기억하면 됩니다.

(((첫 인상을 좋게 하는 질문)))

어느 날 당신은 따듯한 커피 한잔을 주문하러 회사 앞 커피숍에 들어
갔다. 그런데 창가에 자리하고 있는 한 사람이 당신의 마음에 들어와
박혔다고 가정해보자. 그 순간 당신의 머릿속에 어떤 생각이 떠다닐
까?

'못 보던 사람인데, 이 근처 직장을 다닐까?'

'아니면 거래처에 방문 온 사람일까?'

'한 스물… 다섯쯤 되었나?'

'애인이 있을까?'

'가까이 가서 앉아 볼까?'

그가 누구인지, 어떤 사람인지 알고 싶은 마음이 생기면 스스로
에게 끊임없이 질문을 던진다. 첫 번째 질문에 대한 대답도 못 들었
는데 마음속에 두 번째, 세 번째, 또 다른 질문들이 생겨난다. 질문이
있다는 것은 관심이 있다는 것이다. 관심이 없으면 궁금한 것도 없
다. 머릿속에서 질문이 시작되면 동시에 생각이 정리되기도 한다. 마
구잡이로 떠오르던 질문이 가닥을 잡으면 어수선했던 마음이 정리되
고 다음으로 어떤 행동을 해야 할지 답이 나온다. 호감을 느낀 상대
에 관해 스스로 질문을 만들어내고 정리하면서 '그래, 좀 더 가까이
가서 앉아보자' 하고 마음의 결정을 내리거나 혹은 '그래 말을 한번

걸어보자' 하고 적극적인 행동에 나서기도 한다. 이런 모든 결정은 처음에 했던 질문에서 비롯한 것이다. 그런데 어떤 질문으로 출발하는가에 따라 결과는 많이 달라진다.

'저 사람은 커피를 좋아하려나?'

'얼굴이 잘생기면 성격이 안 좋다 하는데, 성격이 별로일까?'

이렇게 애매하거나 부정적인 질문으로 시작하면 마음속 불안감을 스스로 자극해 부정적인 결과로 단정짓게 된다. 결국, '그래, 말 걸면 스토커라고 생각하겠다. 안 하는 게 낫겠다' 하며 돌아선다. 어쩌면 인연이었을 그를 부정적인 질문 때문에 멀리 밀어내는 순간이다. 부정적인 질문, 묻는 사람의 의도를 파악하기 어려운 질문, 애매한 질문들을 다음 제안처럼 바꾸어보자.

긍정적인 질문으로

긍정의 힘을 믿는가? 긍정적인 생각은 못할 것도 하게 하고 부정적인 생각은 될 일도 안 되게 하는 엄청난 힘을 갖고 있다. 질문도 마찬가지다. 부정적인 질문을 자주 하는 사람은 성격도 부정적이고 소심할 것 같은 인상을 주고, 긍정적인 질문을 자주 하는 사람은 성격이 밝고 긍정적인 사람일 것 같은 인상을 준다.

"저녁식사로 곱창은 좀 그런가요? 간장게장 별로죠? 이런 건 마음에 드실지 모르겠네요."

"요즘 이 영화가 엄청 재미있다고 추천하던데, 영화가 좀 길어서 문제네요. 요즘 좀 바쁘시죠?"

이렇게 물어보는 사람에게 "전혀 아니에요. 저 곱창 완전 좋아하고 시간도 많아요" 하며 매달릴 사람은 별로 없다. 부정적인 질문으로 물어보면 자연스럽게 부정적인 대답이 생각난다. "아, 그러네요. 좀 그렇죠" 하고 찜찜한 기분으로 돌아서는 것이다. 반대로 질문을 긍정적으로 바꾸면 상황은 달라지기 시작한다.

"곱창 어때요? 담백하게 잘하는 집 알고 있는데, 가실래요?"

"요즘 이 영화 평이 아주 좋던데요? 이번 주말에 힐링 한 번 할래요? 그렇게 일만 하면 쓰러져요."

웬만한 강심장이 아니면 상대의 질문에 "아니요, 전혀 아니에요. 절대 싫어요!" 하지 못한다. 자연스럽게 "아~ 네, 그렇게… 할까요?" 하며 긍정적인 상황으로 몰고 가는 것이다. 영리한 질문으로 그린라이트를 켜자.

열린 질문으로!

OX 퀴즈를, 풀어본 적이 있는가? OX 퀴즈에서는 둘 중 하나만 선택을 해야 한다. O 아니면 X다. 그 외의 답은 틀린 답이다. 질문을 할 때도 '예, 아니요'만 할 수 있도록 '닫힌 질문'을 하면 대답도 짧아지고 할 말도 없어진다.

"영화 좋아하세요?" 하고 물어보면, "네" 혹은 "아니요, 별로."

"그럼 액션영화 좋아하세요?" 하고 물어보면, "글쎄요, 별로요. 좀 부담스러워서."

"등산 자주하세요?" 하고 물어보면, "아뇨. 체력이 약해서요."

예, 아니요 중 하나를 선택하다 보면 '뭐지? 고등학교 시절 학생과 선생님을 만난 것 같은 이 기분은?' 하는 생각이 든다. 커질 듯하던 그린라이트도 선생님 같은 상대 앞에서는 긴장되어 잘 켜지지 않는다. 이런 닫힌 질문을 하면 상대는 답답해하고 지루해한다. 반대로 답이 정해져 있지 않은 '열린 질문'을 하면 이야깃거리가 많아지고 마음도 활짝 열린다. 상대방이 자유롭게 자신의 의견을 이야기할 수 있는 오픈형 질문으로 바꿔보자.

"요즘 재미있는 영화 많던데, 어떤 영화 보셨어요?"

"단풍이 좋은 계절이네요. 어디 가보신 곳 있으세요?"

말할 거리를 생각하고 이야기할 수 있도록 배려해주자. 그러면 처음에 어색하게 시작했더라도 곧 '이 사람이 나에 대해 궁금한 게 많네, 나도 할 말이 꽤 많은걸? 우리가 잘 통하나?' 하고 그린라이트가 켜지는 것을 느낄 수 있을 것이다.

살아 있는 질문으로!

살아 있는 질문은 생동감 있게 움직이는 질문을 말한다. 무엇을 물어

볼지 정해져 있는 질문은 호기심을 유발하지 못하고 관계를 발전시키지 못한다.

'성함이 어떻게 되세요?', '그럼 나이가 어떻게 되시죠?', '어디에 사세요?' 등 예상되는 질문이 나오면 대답도 역시 형식적인 내용으로 하게 된다. 또 '날씨 좋죠?', '고등학교는 어디에서 다니셨어요?', '술 잘 드세요?'처럼 연결되지 않는 단발성 질문을 계속 던지면 면접 보러 온 듯한 느낌을 줄 뿐이다. 이 순간, 살아 있는 질문이 필요하다. 질문이 살아 움직이게 만들려면 상대의 대답에서 다음 질문거리를 찾아 연결하면 된다. 상대가 무슨 대답을 하는지 귀 기울여 듣고 그 대답 안에서 꼬리에 꼬리를 무는 질문거리를 생각해놓으면 좋다. 하나의 주제로 보통 세 번 이상 왕복하는 대화가 가장 바람직한 대화다.

다음과 같이 연습해 보자.

이지은_우진 씨, 요즘 시간 나실 때 주로 뭐 하세요?

강우진_음, 인터넷 서핑 많이 해요.

이지은_아, 그렇구나. 어떤 거 많이 찾아 보세요?

강우진_저는 주로 뉴스 찾아보는데요. OOO 이런 뉴스들 봤어요.

이지은_아, 맞아요. 저도 그 기사 봤는데요. 깜짝 놀랐어요. 저도 몰랐거든요.

강우진_그러니까 말이에요. 그런데 기사보다 아래 달려 있는 댓글이 더 웃기더라고요.

이지은_아, 맞아요. 저도 정말 재미있는 댓글을 읽었어요.

하나의 주제로 세 차례 이상 주고 받기를 하다 보면 상대방의 성격이나 관심사 등을 조금 더 쉽게 알 수 있다. 긍정형 질문, 열린 질문, 살아 있는 질문을 염두에 두었다가 대화에 활용하면 그린라이트는 빵빵 켜지고 호감 지수도 쑥쑥 올라갈 것이다.

그린 라이트를 위한 질문

호감을 주는 질문은 생각보다 어렵습니다. 많은 사람들이 질문보다 일방적인 통보나 혼잣말에 더 익숙하기 때문이죠. 하지만 어렵다고 포기하면 안 되겠죠?

만약 후속 질문이 생각나지 않을 때는 적당한 추임새로 시간을 이어나가면 좋습니다. "아~ 그렇군요. 대단해요. 멋진데요. 그렇구나. 몰랐어요" 등 맞장구를 쳐주면 상대는 기분이 좋아져서 예상했던 것보다 더 많은 이야기를 합니다. 그리고 그 시간 동안 적당한 질문거리를 생각해 놓으면 좋겠죠?

또 질문하는 습관을 만들어두면 아주 좋습니다. 누구나 TV에 나오는 리포터처럼 딱 맞는 질문을 할 수는 없겠지만 연습하면 질문의 질이 좋아질 수 있습니다. 평소 생활 속에서 인터뷰 시뮬레이션을 해 보세요. 인터넷 서핑을 하다가 '배우 이민호, 영화 〈1970 강남〉에 출연, 1970년대 강남 땅을 둘러싼 욕망과 의리, 배신에 관한 영화'라는 기사를 보았다고 합시다. 그때 배우 이민호 씨에게 하고 싶은 질문을 생각하면 좋습니다.

"영화에서 어떤 역할을 맡았나요?"

"포스터만 봐도 아주 거친 영화일 것 같은데, 촬영이 힘들진 않으셨나요?"

"어떤 장면이 가장 인상적이었어요?"

등 대화를 이끌어내는 연습을 해보세요. 어떤 질문을 해야 상대방이 적극적으로 대답할 수 있을지 계속 고민하면서 말이죠.

시선의
333법칙

진심은 어디에서 나오는 것일까? 대화를 할 때 상대의 진심을 알려면 부단히 노력해야 한다. 그가 무슨 생각을 하고 있는지 알아야 내 마음 갈 길이 정해지기 때문이다. 괜히 나 혼자 상대의 마음을 넘겨짚고 없는 김칫국부터 마시는 실수를 하지 않으려면 그의 진심을 어떻게든 빨리 알아야 한다.

숨겨도 가려도 없어지지 않는 진심. 그것을 여과 없이 보여주는 구멍이 있는데, 바로 눈이다. 차갑게 돌아서는 그의 진심도, 가련하게 바라보는 그녀의 진심도, 따뜻하게 응원하는 그의 마음도 모두 눈을 보면 쉽게 알 수 있다.

심리학자 리처드 밴들러(신경언어 프로그래밍 전문가)와 존 그린더 박사(미국 중앙정보국 출신)는 눈을 통해 진실과 거짓을 분별하는 시각적 접근법을 이야기했다.

오른손잡이를 기준으로 상대에게 질문했을 때 눈동자가 오른쪽 위로 움직이면 어떤 이야기를 상상하고 있다는 것을 나타낸다. 예를 들어 상대에게 '보라색 들소를 상상해보라'고 말했을 때 눈동자가 이동하는 위치다.

눈동자를 왼쪽 위로 움직이는 것은 과거의 기억을 되살릴 때라고 한다.

그에게 "내가 예뻐? 김태희가 예뻐?"라고 물었을 때, 그의 눈동자가 오른쪽 허공을 휘적거리며 "당연히 자기가 더 예쁘지"라고 말하면 그것은 사실이 아니라 상상에 가까울 수 있다는 것이다.

그 여자는 직업 특성상 많은 사람들을 만난 덕분에 그들의 눈을 통해 커뮤니케이션 특징을 짐작할 수 있게 되었다. 첫 인사를 할 때 시선을 잘 맞추지 못하는 사람은 대면 커뮤니케이션 긴장도가 높은 사람이다. 반대로 첫 인사를 할 때 상대를 지나치게 오랫동안 쳐다보는 사람은 주목받고 싶은 욕구가 강한 사람이다. 또 시선이 좌우로 미세하게 흔들리는 사람은 상대 눈치를 많이 보는 성격이 있다.

그 여자는 녹음실에 들어가면서 두 MC의 눈을 바라본다. 남자 MC의 올라간 눈매가 견고한 성격을 말해주는 듯하지만 눈동자는 가볍게 흔들린다. 완벽주의자처럼 보이지만 속은 여린 사람인 것 같다는 추측을 해본다. 여자 MC는 크고 서글서글한 눈매 속에 강인한 눈동자를 갖고 있다. 모래 바람이 부는 언덕에 고요하게 선 코요테 같다는 느낌을 받는다. 두 사람은 이내 눈웃음을 보이며 그 여자를 반갑게 맞아준다.

김은지_네 오늘은 그린라이트 스피치 세 번째 시간입니다. 이지은 대표님 안녕하세요!

이지은_안녕하세요. 이지은입니다.

강우진_벌써 세 번째 시간인데요. 우리 대표님과 함께 하는 그린라이트 코너 반응이 폭발적이에요.

김은지_그러니까요. 많은 청취자 여러분이 실생활에서 도움이 된다고 하시더라고요. 또 제일 재미있대요!

강우진_아마도 저 같은 분들이 많은 걸 거예요. 정말로 매주 도움도 받고 있어요. 진짜 제 스피치 실력, 조금 나아진 것 같아요.

이지은_그래요. 우진 씨 많이 좋아지신 것 같아요. 여러 청취자 여러분께 도움이 된다고 하니 저도 정말 감사 드리고요. 앞으로 더 알찬 내용으로 준비하겠습니다. 많이 들어주세요. 오늘 세 번째 시간인데요, 보통 스피치는 입으로 하는 것을 생각하시잖아요. 그런데 오늘은 입이 아닌 다른 곳으로 하는 스피치를 말씀 드리려고 합니다.

김은지_입이 아니라… 그럼 어떤 곳으로 이야기를 하죠?

이지은_입이 아니라 몸을 활용해서 내 마음을 전할 수 있는데요. 은지 씨는 무언가 궁금할 때나 이해가 안 갈 때 어떤 몸짓을 하시나요?

김은지_고개를 갸우뚱, 손가락을 머리에 대고요?

이지은_하하 맞아요. 손을 사용하기도 하지요. 그렇다면 우진 씨는 정말 괜찮은 이성을 만나면 어떤 몸짓을 하시는 편인가요?

강우진_(입술에 침을 바르며) 음, 저는 진짜 좋아하는 여성분이 있으면 잘 표현 못 해요. 긴장해서 이렇게 입술이 마르니까 침을 바를 것 같아요.

이지은_그렇지요. 이렇게 말로 하지 않더라도 몸으로 충분히 의사소통을 할 수 있습니다. 그렇다면 그린라이트를 켜려면 어떤 몸짓을 사용해야 할까요?

(((매력적인 스피치를 위한 시선의 333 법칙)))

멋진 이성에게 내 마음을 전하려면…
면접관 앞에서 내 간절함을 말하려면…
좌절한 친구에게 따뜻한 위로를 보내려면…

　내 진심을 담아 상대를 바라보아야 한다. 그리고 상대도 그 눈빛을 느껴야 마음이 잘 전해진 것이다. 연인 관계뿐 아니라 일반적인 인간관계에서도 내 뜻을 더 정확히 전달해야 할 때는 반드시 눈빛이 살아 있어야 한다. 눈은 '마음이 여과 없이 흘러나오는 창'이라고 하지 않는가? 헤어지자고 말하는 그 남자의 진심을 알려면 눈을 바라보면 된다. '사랑하기에 헤어지자고' 말하는 그의 눈은 '헤어지지 말자'며 울부짖고 있을 게 뻔하다. 반대로 '너만을 사랑해' 하고 마음에도 없는 새빨간 거짓말을 하는 그의 눈에서는 '너 말고도 많아'라는 재수 없는 진실이 드러나게 되어 있다. 이렇게 눈빛으로 상대의 진심을 느낄 수 있기 때문에 커뮤니케이션에서 눈빛은 아주 중요하다. 자연스럽고 따뜻한 눈빛을 보내는 상대를 바라보면 고마운 마음도 들고 호감도 생기기 시작한다. 그런데 그런 호감 어린 눈빛을 만들 자신이 없으신가? 지금부터 오해 없이 자연스럽게 호감 커뮤니케이션을 할 수 있는 눈빛과 그린라이트를 위한 '시선의 333 법칙'에 대해 이야기해보도록 하자. '333 법칙' 하면 먼저 생각나는 게 있다. 숟가락을 들고 밥을 먹기 시작한 세 살 무렵부터 귀에 딱지가 앉을 정도로 333 이닦기 잔소리를 들었을 것이다. 20년이 훌쩍 넘었는데도 양치를 할 때면 마음속으로 333을 되뇌이고 있다는 게 신기하긴 하지만 지금부터는 '333 이닦기'보다 더 중요한 '시선의 333 법칙'을 기억하자!

3초 바라보기

첫 번째 3은 시간에 관한 것이다. 누군가를 바라볼 때 몇 초 정도 눈을 맞추는 게 적당할까? 너무 오래 바라보고 있으면 상대방은 부담을 느끼기 시작하고 먼저 시선을 돌릴까 말까 하는 생각을 한다. 반대로 아주 짧은 시간만 눈을 마주치면 자신 없어 보이기도 하고 뭔가 숨기는 것이 있는 사람처럼 보인다. 또한 소개팅 자리나 처음 만나는 모임 같은 자리에서 사람들과 시선을 짧게 맞춘다면 상대방은 '뭐지? 성격 까칠하네!', '내가 별로인가?' 하는 부정적인 느낌을 받는다. 이런 오해를 받지 않도록 하는 적당한 시선 맞춤 시간이 바로 3초다. 3초 정도를 바라보며 시선을 움직이는 것이다. 만약 단 둘이 이야기를 하는 상황이라면 3초 정도에 한 번씩 눈을 깜박이거나 3초에 한번씩 왼쪽 눈과 오른쪽 눈 등 바라보는 부위를 조금씩 옮기는 것도 도움이 된다.

3각형 바라보기

두 번째 3은 3각형 부위를 바라보는 것이다. 많은 커뮤니케이션 학자들이 대화할 때는 반드시 눈을 바라봐야 한다고 주장한다. 물론 눈을 보아야 한다는 이론은 잘 알고 있지만 타인의 눈을 똑바로 바라보고 몇 초, 몇 분을 버티는 것은 쉽지 않다. 두근거리는 심장 소리나 바들바들 떨리는 입술을 들킬 것 같아 자신감이 사라져버린다. 이럴 때 억지로 상대의 눈을 바라보는 고행을 하기보다 눈이 아닌 다른 부분을 쳐다보는 것부터 시작하자. 눈을 중심으로 얼굴에서 역삼각형 부위를 그리면 되는데 양 눈썹의 끝과 코끝을 연결하면 만들어지는 곳이 바로 '아이컨텍 역삼각형 존'이다. 이 부분 안에서 시선을 조금씩 움직이면서 말하면 상대방은 자신의 눈을 바라보는 것 같은 느낌을 받고 말하는 사람은 상대적으로 마음이 편안해진다. 만약 1대1 대화가 아니라 1대 다수라면 눈썹과 코끝을 연결하는 작은 삼각형이 아니라 조금 더 큰 삼각형을 그리는 것도 좋다. 양쪽 눈썹과 입술까지 연결하여 조금 더 느슨한 삼각형 부위를 바라보아도 말하는 사람과 듣는 사람의 거리가 떨어져 있기 때문에 상대는 눈을 보는지 코끝을 보는지 구분하지 못한다. 이렇게 말하는 사람이 시선을 맞춰야 한다는 긴장에서 벗어나면 자신감이 생겨 대화 분위기도 자연스럽게 주도할 수 있다. 자신감 충만한 시선 속에서 그린라이트가 켜지는 건 시간 문제이지 않을까?

3을 그리며 바라보기

마지막 3은 눈으로 숫자 3을 그리는 것이다. 이것은 단 둘이 대화할 때보다 여러 명과 같이 이야기하는 자리에서 아주 유용한 방법이다. 부서에서 브리핑을 한다거나 프레젠테이션을 진행할 때, 교수님 앞에서 과제 발표를 할 때 등 다수의 청중을 앞에 두고 이야기하는 경우가 많이 있을 것이다. 필자도 공개방송을 할 때 방청석에 앉은 100여명의 관객과 함께 방송을 꾸며보기도 했고 큰 음악회나 행사를 진행할 때는 1000여 명의 관중을 앞에 두고 두세 시간을 떠들기도 했다. 이때 그 모든 사람들을 한꺼번에 바라보려 하면 시선이 불안해지고 긴장도가 더 올라간다. 그러다 보면 원고를 잊어버리거나 말을 더듬는 등 NG가 난다. 필자도 아주 유용하게 활용한 것이 '숫자 3' 법칙이다. 눈으로 숫자 3을 천천히 그리면서 뒤에서부터 앞으로 시선을 옮기는 것이다. 그렇게 하면 구석구석 많은 사람과 시선을 나눌 수 있고 말하는 사람도 안정을 찾을 수 있다. 앞사람을 먼저 바라보고 이야기를 한다면 자신의 흔들리는 눈빛, 떨리는 입술이 확연히 드러날까 봐 더 떨리지만 뒤에서부터 3을 그리며 내려온다면 마음의 안정을 찾아서 모든 사람을 내 이야기에 끌어들일 수 있다. 숫자 3의 법칙을 활용할 때 뒷줄에 있는 사람들에게 말을 걸면 그 효과는 더욱 증가한다. "뒷줄에 계신 분들 제 목소리가 잘 들리시나요?" 혹은 "오늘 날씨가 많이 춥지요? 뒤에 있는 창문에서 바람이 많이 들어올 것 같은데 괜찮으신가요?" 등의 질문을 던지면 모든 청중이 혹시 질문을 받을

지도 모른다는 생각에 바짝 긴장해서 말하는 사람의 이야기에 집중한다.

첫 번째 3, 두 번째 3, 세 번째 3을 모두 활용하며 말을 해보자. 3초 동안, 3각형 부위를, 3을 그리며 자기소개 멘트나 적당한 내용으로 3분 스피치거리를 만들어서 실습해본다. 이때 거울을 보고 하는 것도 좋지만 실제 발표 상황처럼 인형이나 물건을 거실에 늘어놓고 연습하면 큰 도움이 된다. '인형이 뭐 별 거겠어?'라고 생각하겠지만 막상 해보면 '이게 뭐라고 이렇게 떨리나?' 하는 생각이 들 것이다. 그린라이트를 위한 시선의 333 법칙은 대화나 발표를 세련되게 만들어주는 확실한 방법임을 잊지 말자.

별 그리기

그런데 3초는커녕 이성과 눈을 1초도 맞추기 어렵다고 느끼는 극 순정남, 극 순정녀들은 어떻게 해야 할까? '모태 긴장남녀'를 위한 특급 처방은 반짝반짝 '별'이다. 상대의 얼굴에 눈빛으로 '별'을 그리며 이야기를 하는 것이다. 왼쪽 눈썹에서 시작해서 오른쪽 입 꼬리로 왔다가 왼쪽 입 꼬리로 옮기고 다시 오른쪽 눈썹 끝으로 올린다. 그 시선을 그대로 턱으로 내려 보냈다가 마지막으로 왼쪽 눈썹으로 올린다. 어렵다면 종이에 별 그림을 그려놓고 손가락과 시선을 동시에 움직이는 연습을 해보자.

❶ 벽이나 거울에 별 그림을 붙인다.

❷ 별을 따라 시선을 움직인다.

❸ 시선으로 별을 그리며 '안녕하세요. 저는 OOO입니다. 말씀 많이 들었습니다. 만나서 반갑습니다' 하고 말한다.

이때 너무 빠르게 움직이면 산만해 보이니 3초를 생각하며 움직인다. 이렇게 별을 그리는 방법으로 상대방을 응시하는 훈련을 하면 별을 그리는 것에 신경이 분산되어 긴장도가 낮아지는 효과를 얻을 수 있다. 별 그리기로 긴장은 낮추고 333으로 호감은 올리고!

눈썹 올리기

이때 조금 더 특별한 느낌을 주고 싶다면 눈썹을 적극적으로 활용해 보자. 외국 여행을 하다 보면 서양 사람들의 표정이 우리나라 사람보다 더 다채롭다는 것을 느낄 수 있다. 예부터 우리나라 사람들은 다양한 표정으로 감정을 드러내는 것에 익숙하지 않았다. 좋을 때도 가볍게 웃고, 화가 나도 포커페이스를 유지하는 것을 미덕이라고 여겼다. 그러다 보니 다양한 표정 연출이 어색할 때가 많다. 그 어색함을 한번에 깨트릴 수 있는 연습으로 눈썹을 활용해보면 좋다. 눈썹의 작은 움직임 만으로도 상대에게 호감을 줄 수 있기 때문이다.

❶ 거울을 바라봅니다.

❷ 양손의 검지 손가락을 눈썹 바로 아래 살짝 댑니다.

❸ 손가락으로 양 눈썹을 가볍게 밀어 올립니다.

❹ 손동작과 함께 '안녕하세요? 잘 지내셨어요?' 하고 말합니다.

❺ 손가락을 떼고 표정을 유지하면서 다시 네 번을 이야기합니다.

❻ 위의 연습을 3~5차례 반복하며 눈 주위 근육을 풀어줍니다.

시선의 333 법칙과 눈썹을 활용해서 다음 멘트를 해보자. 적극적으로 연습한다면 당신도 매력덩어리가 될 수 있다.

(전체 바라보기, 눈썹 올리기) 안녕하세요. 이지은입니다. (시선이동) 오늘은 아침부터 쌀쌀한 바람이 많이 불었는데요. (시선이동) 춥다고 창문을 꼭꼭 닫고 있으면 건강에 더 안 좋다고 합니다. (시선이동) 밀폐된 공간에 미세먼지와 환경 오염물질 수치가 (시선이동) 급격히 올라간다고 하는데요. (시선이동) 차가운 공기가 들어온다 해도 가끔 환기하면서 (시선이동) 건강 (눈썹 올리기) 지키시기 바랍니다. (전체 바라보기)

그린라이트를 위한 시선

눈은 마음의 창이라고 하죠? 눈을 보면 상대의 심리를 알 수 있습니다.
눈으로 그 남자, 그 여자의 마음을 훔쳐 볼까요?

대화할 때 상대를 쳐다보지 않는다_뭔가 숨기고 있거나 마음과는 다른 행동을 하는 경우입니다. 또는 자기가 한 말에 대해 아주 자신이 없고 상대방의 눈치를 많이 보는 소심한 사람일 수 있습니다.

대화할 때 시선을 이리저리 불안정하게 돌리며 말한다_심리적으로 불안정한 상태입니다. 앞 사람과 소개팅을 하고는 있지만 이 사람에게 100퍼센트 올인하고 싶지 않다는 생각이 들 수도 있겠죠. 누군가를 만나면서도 끊임없이 주변 이성을 살피고 다닐 가능성이 많습니다.

상대를 곁눈질로 쳐다본다_고개를 약간 옆으로 돌리고 곁눈질로 상대를 보는 것은 그 사람이 말하는 것에 동의할 수 없다는 심리가 있습니다. 또는 이야기 내용에 의문을 품고 있을 경우에도 이런 행동이 나타납니다. 연인 관계에서 이런 시선으로 많이 본다는 것은 상대를 깊이 존중하지 않고 의견이 잘 맞지 않는다는 뜻입니다.

미간을 찌푸리며 바라본다_상대의 의견이나 행동이 마음에 들지 않는다는 뜻입니다.

혹은 상대에게 공격을 받았다고 생각해 기분이 나쁘고 자존심이 상한 경우도 해당됩니다. 연인 관계에서는 서로 의견이 충돌했는데 각자 의견을 굽히지 않고 대립할 때 이런 표정을 짓겠지요. 만나자마자 이런 표정으로 이야기하는 연인이라면 성격 차이 탓에 서로 불신하고 있는 경우입니다.

눈을 크게 뜨고 상대를 바라본다_밝은 곳에서 어두운 곳으로 들어가면 눈동자가 빛을 많이 흡수하려고 커지는데요, 놀라거나 강한 흥미를 느꼈을 때도 자율신경이 눈동자의 개폐에 관여하여 눈동자가 커진다고 합니다. 상대방이 내가 하는 이야기를 듣고 눈동자가 커졌다면 그 주제에 흥미를 느낀 것이지요. 그럴 땐 주제를 조금 더 이야기하면 좋습니다. 반대로 눈동자가 작아지고 눈 주위의 근육도 또렷하지 않다면 빨리 다른 주제로 넘어가야 합니다. 지겹다는 반응이기 때문이지요.

말이 끝났는데도 상대를 오래도록 주시한다_말의 내용보다 그 사람에게 관심을 갖고 있다는 뜻입니다. 보통 우리가 일대일로 대화를 나눌 때 상대의 얼굴에 시선을 집중하는 시간은 대화 전체 시간의 30~60퍼센트라고 하는데요, 이 평균치를 넘어서 상대를 계속 주시한다는 것은 말의 내용보다 그 사람 자체에 관심이 있다는 뜻입니다. 내 말이 끝났는데 그가 나에게서 눈을 떼지 못한다면 그의 마음속에 내가 이성으로 보인다는 것이죠. 그린라이트를 기대해볼까요?

몸으로
하는
말

악수는 중세시대 서양에서 자신의 손과 소매 속에 무기가 없다는 것을 알리려고 손을 들어 상대의 손과 맞잡는 행동에서 유래했다. 자신은 위험한 사람이 아니니 친하게 지내자는 뜻이다. 현재는 상대와 친밀감을 나타내려고 악수를 하고, 상하관계를 암시하기 위해서도 악수를 한다. 그 여자는 만나는 사람과 악수하는 것을 좋아한다. 악수에 적극적으로 반응해주는 사람을 만나면 더 반갑고 고마운 기분이 든다. 그 여자는 악수에서도 성격이나 대인관계의 특성이 그대로 드러난다는 사실을 알았다. 그 여자는 운영하고 있는 스피치 학원에서 수많은 사람들을 상담하며 악수를 권했다. 사람들의 악수 스타일은 커뮤니케이션 특성에 따라 제각각 달랐다. 어떤 사람들은 적극적으로 악수를 받아들였다. 손을 깊숙이 잡고 호기심 어린 눈빛으로 그 여자를 바라보았다. 이런 사람들은 대화를 할 때도 상대의 이야기를 충분히 듣고 맞장구도 잘 쳐주고 비교적 조리 있게 말했다. 또 다른 사람들은 악수를 할 때 건성으로 했다. 손에 힘을 주지 않고 그냥 내어주더니 황급히 손을 빼기도 했다. 이런 사람들은 질문에 대해 자세히 대답하려 하지 않고 말의 내용이 논리적이지 않았다. 목소리도 작게 웅얼거리는 경우가 많았다. 그 외에도 멋쩍은 표정으로 악수에 응하지 않고 그냥 넘어가는 사람도 있었고 덥석 잡고 위아래로 세차게 흔드는 사람도 있었다. 예상했던 대로 각각의 스타일에 따라 커뮤니케이션도 다른 유형으로 흘러간다는 것을 알았다. 자신의 마음이나 커뮤니케이션 습관을 무의식적으로 '악수'라는 행동을 통해 전달하고 있는 것이다.

이처럼 악수를 포함한 몸짓에는 그 사람이 표현하고자 하는 여러 의미가 담겨 있다. 기쁨의 손짓이 들어 있기도 하고 슬픔의 고갯짓이 들어 있기도 하다. 말은 참고 있지만 어느 샌가 몸으로 진심을 이야기하고 있는 경우가 많다.

그 여자는 방송국에 도착해 스튜디오로 들어간다. 일주일 만에 만나는 MC와 반갑게 인사를 나눈다. 그 여자는 그들의 몸짓을 관찰한다. 남자는 큰 키 때문인지 움직이는 동작도 크고 활기차 보인다. 머리를 쓸어 넘기는 손짓까지도 힘이 넘친다. 섬세한 감성으로 노래하는 가수이지만 호탕한 성격을 그대로 나타내는 몸짓을 많이 한다.

여자는 아담한 체구지만 예상을 뛰어넘는 몸짓이 많이 나온다. 양팔을 크게 벌려 흔들기도 하고 깡총거리며 이야기하기도 한다. 여자의 다양한 캐릭터에 참 잘 어울리는 다채로운 몸짓이다. 오늘 그 여자는 몸으로 하는 스피치에 대해 말하기로 한다.

이지은_안녕하세요. 이지은입니다. 그린라이트 스피치 네 번째 시간입니다. 먼저 재미있는 이야기 하나 해 드릴게요. 미국의 범죄 심리학 교수와 연구진이 한 가지 실험을 했다고합니다. 범인들을 취조하는데, 한 그룹은 손을 묶어놓았고, 한 그룹은 손을 풀어놓았습니다. 어떤 쪽 용의자에게 자백을 더 쉽게 받아내었을까요?

김은지_손을 풀어놓은 쪽일 것 같은데요.

이지은_네 맞습니다. 손을 풀어놓고 취조했을 때 더 많은 정보를 얻을 수 있었답니다. 자유롭게 제스처를 하는 범인은 생각보다 더 많은 말을 하게 되어서 형사들이 유용한 정보들을 많이 얻는 겁니다. 이렇듯, 제스처는 표현력을 강화하는 데 매우 중요합니다. 우리도 실험을 해볼까요? 우진 씨가 은지 씨에게 따뜻한 커피를 권하는 말을 해보시는데요, 평소에 사용하는 자연스러운 제스처를 활용해보세요.

강우진_(몸을 움츠리며) 은지 씨, 오늘 날씨 많이 춥죠? 따뜻한 커피 한 잔 하실래요?

김은지_싫어요!

이지은_하하, 은지 씨 반응이 썩 좋지 않네요. 왜냐하면 지금 우진 씨의 제스처가 말과 어울리지 않았기 때문이에요. 만약 음성을 삭제하고 행동만 본다면 도대체 무슨 말을 하고 있는지 도통 감이 안 옵니다. 몸짓은 말을 보충해주고 살려주는 역할을 해야 하지요. 그래야 말을 훨씬 정확하게 상대에게 전할 수 있습니다. 이렇게 한번 바꿔보죠. '춥죠?' 할 때 은지 씨 팔을 살짝 다독이고, '커피 한 잔' 부분에서 컵을 든 것처럼 손짓을 해보는 거예요.

강우진_(그대로 따라하며) 은지 씨, 정말 춥죠? 따뜻한 커피 한잔 할까요?

이지은_어때요? 은지씨?

김은지_오~ 첫 번째보다 조금 친절해 보인다고 할까요? 같이 커피 한 잔 하고 싶다는 생각이 들었어요.

이지은_대부분은 가볍고 자연스러운 스킨십과 함께 말을 하면 훨씬 가까운 사이라고 느낍니다. 그 다음에는 어떤 제안을 했을 때 쉽게 거절하지 못하죠. 은지 씨도 우진 씨의 제스처 마법에 빠진 것입니다. 그렇다면 신비한 힘이 있는 제스처를 어떻게 활용하면 그린라이트를 켜는 데 도움이 될까요?

(((세련된 스피치를 하기 위한 제스처 특훈)))

스피치 제스처를 적절하게 사용하면 그린라이트를 아주 쉽게 반짝하고 켤 수 있다. 제스처는 스피치를 풍성하고 강렬하게 만들기 때문이다. 제스처에는 그린라이트를 켜는 특별한 '효능' 세 가지가 있다.

첫 번째, 제스처를 하면 말하는 사람의 긴장도가 낮아진다. 많은 이성 앞에서 무언가 이야기해야 하는 상황을 상상해보자. 이때 차려 자세로 말하는 것과 손을 움직이면서 말하는 것 중 어느 쪽이 덜 떨릴까? 당연히 손을 움직이는 쪽이다. 몸을 움직이지 않고 어깨나 팔을 긴장된 상태로 계속 두면 우리 뇌는 위험한 상황이라는 인식을 한다. 우리 뇌가 위험한 상황이라고 인지하면 그것을 회피할 것이냐, 도전할 것이냐를 판단하고 그에 따라 생체 활동이 이루어진다. 만약 회피하면 안전한 상태로 몸을 피신해서 긴장을 푸는 생체활동이 이루어지고, 도전하면 그에 따른 적극적인 생체활동이 일어난다.

발표 상황에서 긴장하는 순간이 바로 '도전'이라고 판단하는 순간인데, 우리 몸은 위험 상황에 대비하려고 심장 박동을 높이고 근조직으로 많은 산소를 운반한다. 그러면 상대적으로 뇌로 가는 혈류가 부족해져서 '멍'한 상태가 된다. 이때 우리 상태를 회복하는 방법이 바로 제스처를 활용하는 것이다. 근조직으로 간 산소를 활용해서 손을 움직이며 심호흡을 통해 '안전한 상태'라는 것을 뇌가 인지하도록 하는 것, 즉 스피치를 해야 하는 상황에서 긴장을 푸는 과학적인 방법이 바로 제스처 활용이다.

제스처의 두 번째 효능은 할 말이 더 잘 생각나게 한다는 것이다. 말은 해야겠는데, 적당한 어휘가 떠오르지 않을 때가 있다. 이때 손을 움직이며 할 말을 생각해보자. 손을 움직이지 않을 때보다 더 빨리 적당한 단어가 떠오른다. 손을 활발히 움직이는 행동은 뇌가 생각하고 있는 것을 형상화해주고 언어 중추를 자극해 적당한 어휘를 떠올리게 한다. TV에 나오는 MC나 리포터 등 다양한 어휘를 구사하는 사람들이 말과 함께 잦은 손동작을 쓰는 것도 이런 이유 때문이다.

제스처의 세 번째 효능은 표현력을 증대해 의미를 강조할 수 있게 한다는 것이다. 친구들과 놀이동산에서 롤러코스터를 탔던 이야기를 누군가에게 설명하는 상황을 상상해보자. '위에서 아래로 내려오는데 심장이 벌렁거리고 아찔하더라' 하고 말하는데 아무런 제스처를 사용하지 않는 것보다 손을 위로 높이 들어올렸다가 아래로 빠르게 내리는 흉내를 내며 이야기하는 편이 듣는 사람으로 하여금 더 쉽게 상황을 상상하도록 만든다. 제스처 덕분에 말이 더 풍성해지고 재미있어지는 순간이다.

그렇다면 이렇게 좋은 효능을 갖고 있는 스피치 제스처를 어떻게 활용해야 호감 있는 사람이 될 수 있을까?

가슴 선보다 손을 위로 들어올리는 제스처는 긍정적인 의미로 말할 때 사용한다. 양손을 들어올리는 것은 아주 강하게 긍정하거나 청중의 수가 많을 때 활용하고 열 명 미만과 말할 때는 한 손만 활용하는 것이 자연스럽다. 한 손을 위로 살짝 올리고 다음 문장을 말해보자.

　"이번 프로젝트에서는 우리 모두의 노력이 빛을 발했습니다."

　"상반기 실적이 아주 좋습니다."

　"우리 팀이 이 일을 멋지게 해낸 것 같습니다."

　　가슴선보다 아래로 손을 내릴 경우는 부정적인 의미를 나타낸다. 실패나 부정적인 결과, 혹은 문제를 이야기할 때 효과적이다. 양손을 함께 내리며 다음의 문장을 말해보자.

　"이번 일은 결과가 생각보다 좋지 않았습니다."

　"지난 주말에 남자친구와 크게 싸웠습니다."

　"헤어진 남자친구의 물건을 버려야 할지 고민입니다."

　권유나 제안 등 중심을 상대에게 두는 내용을 말할 때는 손을 상대 쪽으로 뻗고 말한다. 이때, 팔꿈치를 너무 쭉 펴면 유치한 제스처가 될 수 있으니 팔꿈치를 약간 구부린 상태에서 포물선을 그리듯 양손을 부드럽게 벌려주는 게 좋다. 이 상태로 아래 문장을 함께 말해보자.

　"여러분, 연상녀와 연하남의 연애에 대해 어떻게 생각하세요?"

　"여러분, 이번 겨울에는 그린라이트 스피치로 따뜻한 겨울 보내세요."

　"그린라이트 스피치, 생활 속에서 한번 활용해보세요."

나의 심리, 즉 외로움, 기쁨, 감격 등 중심이 나의 마음과 관련된 내용은 손을 가슴 쪽으로 끌어당기면서 말한다. 다만 여성의 경우에는 효과적인 제스처가 될 수 있지만 남성의 경우에는 이 제스처는 되도록 쓰지 않는 것이 사회생활을 하는 데 좋다. 여성분들만 다음 문장을 제스처와 함께 표현해보자.

"어제 본 영화가 진짜 감동이었어요."

"올해는 정말 기쁜 일들이 많이 생겼으면 좋겠어요."

"그렇게 말해줘서 정말 고마워요."

적극적으로 설득해야 할 때 양손을 함께 쓰면 좋다. 가슴선 정도의 높이에서 양손을 둥그렇게 말고 손가락을 살짝 벌려 커다란 공을 안고 있다고 생각하자. 그 상태에서 양 팔을 살짝 벌렸다가 약간 오므리는 것만으로 충분하다. 이 제스처와 함께 다음을 말해보자.

"이 문제를 해결하기 위해서 제도적 장치가 필요합니다."

"우리가 화합하고 서로 배려하면 가능합니다."

"화 낸다고 해결될 것은 아무것도 없어요. 조금 진정하고 말해보세요."

확신에 찬 제스처는 묵찌빠로 기억하면 좋다. 가볍게 주먹 쥔 모양이나 엄지와 검지, 중지만 살짝 펴고 다른 손가락은 자연스럽게 구부리는 모양, 그리고 손가락을 펴고 손 날을 세운 손 모양을 만든다. 이 세 가지 묵찌빠 모양으로 손의 모양을 만들어 확신이나 강조의 말을 하면 도움이 된다. 이때 '확실히, 꼭, 분명, 정말' 등 확신의 뜻이 있는 부사에 활용하면 더 효과적이다. 다음 말을 활용해보자.

"지금 우리에게는 확실한 변화가 필요합니다."

"지나친 겸손은 분명 독이 될 수 있습니다."

"그린라이트, 상대를 꼼꼼히 관찰하는 것부터 시작합니다."

또 제스처는 말하는 장소와 그룹에 따라 크기가 달라져야 한다. 소규모 그룹, 즉 몇몇의 친구들이나 소규모 회의를 할 때에는 제스처가 작은 것이 어울리고 연단에서 하는 대규모 스피치는 제스처의 크기가 커야 한다. 작은 규모에서 크게 움직이면 듣는 사람이 내 이야기보다 손짓 발짓에 시선을 빼앗겨 내용 전달이 잘 안되고 정신 없다는 인상을 줄 수 있다. 반대로 큰 규모에서 작은 손짓으로 이야기를 하면 잘 보이지도 않고 소심하거나 확신이 없는 것처럼 보인다. 그렇다면 적당한 크기는 어떤 것일까? 소규모 청중 앞에서는 어깨와 가장 아래쪽 갈비뼈 사이의 공간에서 손을 움직이는 게 좋다. 대규모 스피치 제스처 상황에서는 눈썹과 허리 사이의 동그란 공간에서 손을 움직이면 시원해 보인다.

대규모 스피치 제스처
소규모 스피치 제스처

이런 모든 제스처를 더 효과적으로 활용할 수 있는 중요한 법칙이 있다. 3점을 같은 방향으로 맞추는 것인데 3점이라는 것은 코끝, 손끝, 발끝이다. 코끝은 시선을 뜻하고, 손끝은 상체의 방향을 뜻하고, 발끝은 하체의 방향을 뜻한다. 3점의 방향이 같은 쪽을 향했을 때 그 제스처가 상대방에게 잘 전달된다. 예를 들어 컴퓨터 모니터를 응시하고 있는 상태에서 손으로만 지시하며 "은지 씨, 왔어요? 저쪽에 있는 서류 좀 줄래요?"라고 하면 상대방은 무시당하고 있다는 느낌이 들 것이다. 상대를 바라보고 손을 같은 방향으로 가리키며 몸을 돌린 상태에서 정성스러운 제스처를 하면 상대는 나에게 호감을 느낀다. 그린라이트를 켜는 제스처! 생활 속에서 많이 활용해보자.

면접 제스처는 20퍼센트만 사용하세요

입이 바짝 타 들어가는 것 같고 손에서는 땀이 흐릅니다. 내 심장 소리가 귓가에서 두둥 두둥 요란하게 울려 퍼지는 것 같습니다. 입사면접이든 진학면접이든 간단한 인터뷰에도 긴장되기는 마찬가지입니다. 긴장되면 두 가지 형태로 제스처 실수가 나옵니다.

첫 번째, '목석형'입니다. 어떤 말을 해도 돌덩이처럼 굳어서 손가락 하나 까닥하지 못하는 유형이지요. 이런 사람들은 이마에서 줄줄 흘러 내리는 땀을 닦으려고 손을 들어 올리는 몸짓조차 어렵다고 합니다.

두 번째, '오도방정형'입니다. 평소보다 더 오버스럽게 손동작을 하고 몸을 흔들어댑니다. 이런 사람들은 과장된 제스처와 함께 말실수도 같이 하는 경우가 많습니다.

면접을 볼 때 제스처와 스피치의 비율을 20:80으로 생각하면 좋습니다. 10문장이 있다면 2문장 정도에서 적당한 제스처를 보여주는 것이지요. 제스처가 아주 없으면 융통성이 없는 사람처럼 느껴지고 제스처가 너무 많으면 신중하지 못한 사람처럼 느껴집니다. 면접관을 사로잡는 제스체! 20퍼센트를 기억하세요!

호감
거울의
법칙

　　　　　　　그 여자는 10분 정도 일찍 방송국에 도착했다.
화장실에 들러 거울을 들여다본다. 그리고 입 꼬리에 힘을 주어 광대
뼈 쪽으로 끌어올린다. 다시 양 볼 가득 바람을 채워 풍선처럼 만들
었다가 입 안의 공기를 윗입술로 밀어 올린다. 그대로 오른쪽, 아랫
입술, 왼쪽 순서로 한 바퀴 돌린다. 그리고 나서 입술을 크게 벌리고
'아', 입술을 잔뜩 오므리고 '오' 소리를 낸다. 마지막으로 한껏 웃어
보이며 "안녕하세요?" 하고 거울 속의 그 여자와 인사한다. 몇 년 째
거울을 보며 하고 있는 표정 연습이다. 거울을 보며 하는 표정 연습
에는 두 가지 큰 효과가 있다.

　　첫 번째 효과는 표정을 자연스럽게 연출할 수 있다는 것이다. 우
리 얼굴은 여러 가지 근육으로 이루어져 있는데 입꼬리당김근, 큰광
대근, 작은광대근, 입둘레근 등 입의 표정을 만드는 근육이 있고 이
마근, 눈썹주름근 등 눈의 표정을 만드는 대표적인 근육이 있다. 이
러한 크고 작은 근육 70~80개가 움직이며 우리의 표정을 만든다. 최
대한 많은 근육을 움직이는 연습을 자주 할수록 아름다운 웃음 근육
이 단련되므로 골격에 맞는 자연스러운 웃음을 만들 수 있다.

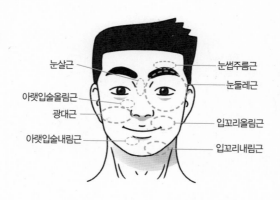

눈살근

아랫입술올림근

광대근

아랫입술내림근

눈썹주름근

눈둘레근

입꼬리올림근

입꼬리내림근

두 번째 효과는 자신감을 찾을 수 있다는 것이다. 거울을 보며 웃는 연습을 하면 거울 속 이미지가 똑같이 웃으며 나를 바라본다. 누군가 나와 같은 모습으로 미소를 보여주면 기분이 좋아지고 자신감이 생긴다. 내 웃음에 즉각적으로 반응하는 거울 속 이미지를 타인의 이미지로 상상하기 때문이다.

그래서 거울을 많이 보는 사람들은 적게 보는 사람들에 비해 표정을 어떻게 지어야 온화한 인상이 나오는지 잘 안다. 그리고 어색하지 않게 표정근을 활용할 줄 안다. 표정 연기가 특기인 여배우들이 거울을 손에서 놓지 않는 이유가 여기에 있다.

그 여자는 서둘러 화장을 고치고 스튜디오로 향한다. 문을 열고 들어가며 입꼬리올림근과 광대근이 수축하는 것을 느낀다.

이지은_안녕하세요. 그린라이트 스피치 이지은입니다. 여러분, 하루에 거울 몇 번 보세요? 세수할 때? 화장할 때? 하루에 한 번은 기본적으로 보시는 것 맞죠? 은지 씨는 몇 번 보시나요?

김은지_저는 방송할 때는 붙인 눈썹 때문에 여러 번 보죠. 달고 사는 수준이라고 할까요?

이지은_우진 씨는 몇 번 보세요?

강우진_세수…할 때? 그래도 하루에 한 번은 봅니다. 하하.

이지은_남성은 여성보다 상대적으로 횟수가 적기 마련이죠. 어쨌든 거울은 앞에 서 있는 무언가를 있는 그대로 보여주는데요, 손을 올리면 따라 올리고 웃으면 따라 웃고요. 이런 거울의 특성처럼 누군가가 상대에게 빠르게 반응해주면 그 상대는 만족스러운 자존감을 형성할 수 있다고 합니다. 이것을 하인즈 코헛이라는 자기 심리학자가 '거울 전이(Mirror transference)'라고 표현했는데요, 상대가 이야기할 때 고개를 끄덕이거나 표정을 바꾸거나 하는 것이 상대의 마음을 편하게 해준다는 것이지요. 우리도 짧은 실험 하나 해볼까요?

은지 씨가 우진 씨에게 주말에 있었던 기뻤던 일을 짧게 말씀해보실래요? 우진 씨는 아무런 반응 없이 그냥 듣고만 있고요.

김은지_우진 씨, 제가 주말에 친구를 만나서 놀았는데요.

이지은_우진 씨의 저 냉담한 반응. 은지 씨는 어떤 느낌이 드셨나요?

김은지_와, 진짜 기분이 나쁘네요.

이지은_맞아요. 이번에는 우진 씨가 적극적으로 반응해보세요.

김은지_우진 씨 제가 이번 주말에 친구를 만나서 놀았는데요. 오호! 아주 좋아요. 잘 들어주니까 할 말이 더 많이 생각나는 것 같고요.

이지은_네, 이처럼 상대가 적극적인 리액션을 해주면 자신감이 더 생긴답니다.

(((거울반응으로 호감 커뮤니케이션 하기)))

상대방이 내 이야기를 잘 들어줄 때 말할 용기가 솟아오르는 경험은 누구나 해봤을 것이다. 필자도 기업체나 대학교에서 스피치 강의를 할 때 청중의 반응이 좋으면 더 재미있는 이야기를 하거나 개그 패러디를 하기도 한다. 소개팅 자리에서 앞에 앉아 있는 여성이 오만상을 찌푸리고 '네가 얼마나 웃기는지 지켜보겠어' 하는 표정으로 바라보고 있다고 상상해보자. '내가 왜 나왔을까' 후회하며 아무 말도 하기 싫어질 것이다. 입사 면접에서 지원자들이 가장 좋아하는 면접관이 '고개를 끄덕여주거나 웃어주는 면접관'이라고 한다. 이렇듯 어떤 얼빠진 소리를 하든 간에 앞에 있는 사람이 폭풍 리액션을 보여준다면 말하는 사람은 스스로를 괜찮은 사람이라고 생각해 용기를 내고 더 의욕적으로 대화에 임한다. 이렇게 편안하게 해주는 상대에게 호감을 느끼기 시작하는 것, 이것을 '호감거울의 법칙'이라고 한다. 호감거울의 법칙은 세 가지로 나누어 생각할 수 있다.

첫째, 표정 따라 하기.
둘째, 행동 따라 하기.
셋째, 말투 따라 하기.

표정 따라 하기

어린 아이들은 부모가 방긋 웃는 표정을 보이면 따라 웃거나 손짓을 하며 관심을 보인다. 또 우는 소리를 내며 얼굴을 찡그리면 아이도 금세 입을 비죽거리며 울먹인다. 표정으로 감정이 전이되는 현상이다. 부모와 아이 관계뿐 아니라 타인 간에도 비슷한 현상이 나타난다. 누군가 침대 모서리에 발가락을 세게 부딪히는 영상을 보면 나도 모르게 얼굴이 찌푸려지고 맛있는 음식을 먹으며 행복해하는 모습을 보면 행복한 감정이 전이된다. 이렇듯 감정이 드러난 표정을 보면 그 표정을 따라 하게 되고 내 감정도 움직이는데, 진심으로 좋아하는 상대와 이야기할 때 나도 모르게 그의 표정을 따라 하는 것도 이런 이유 때문이다. 반대로 소개팅이나 만남의 자리에서 상대에게 호감을 주고 싶다면 상대의 표정을 살짝 따라 해보자. 상대는 자신의 표정과 비슷한 당신의 표정을 보며 같은 감정을 느끼고 있다고 생각할 것이다.

이런 거울 반응은 1초의 간격을 두고 활용하면 좋다. 상대가 짓고 있는 표정을 1초 뒤에 따라 해보자. 그가 웃으면서 무언가를 말한다면 나도 살짝 웃음을 보이고 찡그린 표정으로 이야기할 땐 1초 뒤에 같이 인상을 쓴다. 이렇게 닮은 표정을 하면 말하는 사람은 듣는 사람과 자신을 동일시해서 결국, '이 사람이랑 잘 통할 것 같아', '우린 뭔가 비슷하다'라는 생각을 한다.

행동 따라 하기

표정 따라 하기에 이어, 행동 따라 하기로 이어지면 효과가 더 좋다. 소개팅에 나온 그녀가 말하던 도중 다리를 꼰다면 1초 뒤에 비슷하게 꼬고 앉는다. 만약 소파나 의자 등받이 쪽으로 기대 앉는다면 1초 후에 비슷한 자세로 따라 한다. 특히 이야기를 나누다가 말이 끊겼을 때 상대가 커피를 마시면 같이 커피를 마셔주는 것으로 상대의 마음을 편하게 만들어줄 수 있다. 그런데 이때 정말 주의해야 할 것은 너무 티 나게, 누가 봐도 따라쟁이처럼 움직이면 안 된다는 것이다. 따라 하는 것을 들키는 순간 '스토커'라고 낙인 찍힌다.

표정과 행동으로 상대를 따라 하면서 호감을 올렸다면 조금 더 확실히 그린라이트를 켜보자. 커피숍에서 주문을 하거나 식당에서 저녁 메뉴를 고를 때도 비슷한 종류로 하는 것이다. 첫 만남에서 커피 주문을 할 때 그 남자가 '아메리카노요' 하는데 '저는 그린티 프라푸치노에 생크림도 좀 많이 올려주시고요. 얼음은 많이 넣지 말아주세요. 참, 녹차가루 많이요'라고 주문하면 '이 여자… 3년 만에 커피숍 온 것 같은데?' 하는 생각을 들게 만드는 것이며 호감이 바닥을 기게 하는 것이다. 첫 만남에서 메뉴는 같은 걸로 주문하기로!

사람은 공통점이 있을 때 마음이 편해지고 서로 통한다고 생각한다. 공통점이 없다면 센스를 발휘해서 비슷한 표정, 닮은 행동, 어울리는 취향을 만들어보자. 눈치와 배려 속에서 그린라이트가 반짝 켜질 것이다.

말 따라 하기

호감거울의 법칙의 마지막 비법. 썸타고 있는 그 남자, 그 여자가 있는데, 아직 그린라이트를 확실히 켜지 못한 것 같다면, 다음 방법을 활용해보자. 그 사람이 자주 쓰는 단어나 추임새 등을 기억했다가 은근 슬쩍 사용하기다. 상대가 '헐', '대박'과 같은 신조어를 많이 쓰는 사람이라면 대화 중간에 한두 번 사용해주면 좋다. 만약 특징적인 말투가 있다면 비슷하게 흉내 내는 것도 좋다. 하지만 주의해야 할 점은 누가 봐도 티 나게 하지 말라는 것이다. 이건 성대모사가 아니다. 은근히 비슷한 것이 완전 똑같은 것보다 더 매력적으로 다가오기 때문이다. 한동안 비슷하게 말하고 행동하면 어느새 다른 직장 동료, 학과 친구도 그 사람과 당신의 이미지를 동일시하고 왠지 잘 어울린다고 믿는다. 집단 최면을 걸어버리자. 레드 썬!

가랑비에 옷 젖는 줄 모른다는 옛말처럼 잔 기술이 들어가서 얻은 판정승은 귀한 승리가 될 것이다. 여러분의 연애의 기술에 그린라이트가 켜지는 날까지 파이팅!

다양한 표정근 연습

신인 탤런트들이 방송에 나와서 제일 자신 있는 것이 '표정 연기'라고 말하는 것을 자주 봅니다. 카메라에 얼굴을 바짝 들이밀고 생글거리기도 하고 금세 울상을 짓기도 합니다. 순간 순간 표정과 감정이 바뀌는 것도 신기하기만 합니다. 그런데 연기를 전공한 탤런트만 그렇게 할 수 있는 것은 아닙니다. 누구나 표정근 연습을 하면 '표정 연기'를 할 수 있답니다. 미니시리즈에 나오는 사람에게만 표정 연기가 필요한 게 아닙니다. 우리 모두는 '인생'이라는 드라마의 여주, 남주니까요.

다양한 표정으로 상대를 바라보며 호감거울 법칙을 성실히 수행할 때, 상대의 마음에도, 나의 마음에도 용기와 자신감이 열린답니다. 오늘부터 스마일~.

입 표정연습

❶ 거울을 보며 입 안에 공기를 가득 넣는다.

❷ 입 속 공기를 윗입술에서 오른쪽, 아랫입술, 왼쪽으로 한 바퀴 돌린다.

❸ 입술을 크고 동그랗게 벌리고 다시 작게 오므린다.

❹ 입으로 바람을 빼면서 입술을 '푸르르~'하고 턴다.

❺ 양 손바닥을 세게 비벼서 따뜻하게 만든다.

❻ 따뜻해진 손바닥을 양 볼에 대고 부드럽게 위 아래로 움직여 얼굴을 마사지해준다.

❼ 손바닥으로 양 볼을 가볍게 탁탁 쳐준다.

❽ 입 꼬리를 광대뼈 쪽으로 강하게 끌어 당겨 웃는 모습을 만든다.

눈 표정연습

❶ 눈을 크게 뜨고 다시 가늘게 만든다.

❷ 눈썹을 위로 올렸다가 내린다.

❸ 손가락으로 이마, 눈썹, 눈꼬리, 콧볼, 광대, 윗입술, 입꼬리, 아랫입술, 아랫턱을 꼭

　꼭 눌러준다.

❹ 기쁨, 화남, 슬픔, 환희, 충격, 설렘 등 다양한 표정을 연습해본다.

❺ 눈꼬리 근육에 힘을 주어 웃는 눈을 만든다.

❻ 입과 눈이 함께 웃는 얼굴 표정을 만들고 5초간 표정을 유지한다.

솔로
탈출
스피치

크리스마스, 화이트데이, 발렌타인데이. 연못남(연애를 못해본 남자), **연못녀**(연애를 못해본 여자)들에게는 말만 들어도 등골이 오싹해지는 단어다. 이런 쓸데없는 날이 왜 생겨서 이들의 마음을 후벼 파는가. 이들에게 크리스마스는 유료 영화채널과 함께하는 날, 믹스케이크 재료를 사다가 오븐과 사투를 벌이는 날, 남부럽지 않게 이 날을 즐겼노라고 블로그에 포스팅하는 날이다. 그리고 내년에는 절대로 이런 짓을 하지 않겠다고 맹세하며 잠자리에 든다.

그여자는 크리스마스가 지났는데도 떼지 않고 걸어놓은 상점의 크리스마스 트리 장식을 바라보며 솔로의 마음을 이해한다. 연애가 어려운 사람들은 철 지난 크리스마스 전구가 아닐까? 크리스마스 한 달 전부터 반짝이다가 절정의 순간에 화려한 자태를 뽐내고 다음날 철거되는 트리가 아닌, 달까 말까를 고민하다 한 발 늦게 달리고, 뗄까 말까를 고민하다 아직 덩그러니 남은 철 지난 크리스마스 전구. 내년엔 꼭 제때 반짝일 거야, 하고 생각하는 철 지난 크리스마스 전구.

고백을 할까 말까 고민하다 다른 남자의 손을 잡고 가는 그녀를 보는 남자.

다가설까 말까 고민하다 언제 말을 걸어야 하는지 몰라 뒤돌아 서는 여자.

눈치 없이 들이대다 그냥 동네 오빠, 아는 동생으로 남게 되는 그 남자, 그 여자.

'애인이란? 유니콘이다. 상상 속에서만 존재하니까' 하며 웃픈 이야기를 하는 그들에게 상상을 현실로 만드는 솔로탈출 그린라이트 스피치를 선물한다.

그 여자는 이들이 사랑에 빠지게 되는 날을 상상한다. 사랑에 빠져서 물불 가리지 않는 모습을 상상한다. 애인이 생기면 하겠다던 100개의 목록을 가지고 1년 365일을 이벤트 데이로 만드는 그들의 모습을 간절히 상상한다.

이지은_안녕하세요. 그린라이트 스피치 이지은입니다. 반갑습니다. 여러분, '크리스마스나 연말에 뭐 하실 거예요?' 하는 이 질문에 바로 대답할 수 있는 분들은 오늘 그린라이트 스피치 안 들으셔도 돼요.

김은지_앗! 그렇다고 주파수 돌리지 마시고요. 청취율이 있으니까요.

이지은_그럼 청춘 스케치 다 듣고 돌리세요. 오늘은 추운 겨울을 보낼 것 같은 솔로들을 위해 솔로탈출 특집! 그린라이트 스피치를 함께 하겠습니다.

강우진_우리들을 위한 특집이군요.

이지은_두 분은 왜 애인이 없다고 생각하세요?

강우진_저는 큰 이유가 없는 것 같아요.

이지은_없다고 생각하는 것이 가장 큰 이유라고 해요.

김은지_저는 알기는 해요.

이지은_알면서 못 고치는 것이 더 큰 문제라고 합니다. 그렇다면 먼저 우리가 왜 솔로인지, 솔로 DNA가 얼마나 뼛속 깊이 박혀 있는지, 테스트를 통해 자각하는 시간을 갖도록 할게요. 총 10문항의 질문이 나가는데요, 우리 청춘스케치 청취자 여러분도 한 문항씩 듣고 손가락으로 헤아려주세요. 100점 맞는다고 좋은 게 아니에요! 질문 시작합니다.

❶ 휴대폰 전화번호 목록에서 급하게 연락하면 나올 만한 이성이 3명 이하다.
❷ 이성과 눈을 맞추고 이야기하는 게 힘들다.
❸ 이성에게 용건 없이 그냥 이야기를 거는 것이 어렵다.
❹ 엘리베이터에 이성이 3명 이상 있으면 들어가기 쑥스럽다.
❺ 모르는 이성이 내 쪽을 보며 웃는다면 내가 아닐 거라 생각하고 뒤를 돌아본다.
❻ 좋아하는 사람에게 오히려 퉁명스럽게 대하는 편이다.
❼ 친구의 애인을 마음에 둔 적이 있다.
❽ 거절당할까 봐 썸녀에게 데이트 신청을 못 하겠다.
❾ 내가 어떤 스타일의 이성을 좋아하는지 아직도 모르겠다.
❿ 확실한 그린라이트가 켜질 때까지 기다리는 편이다.

0개	그린라이트가 벌써 켜진 분입니다.
1개~3개	올 겨울을 따뜻하게 보내실 분입니다.
4개~7개	노력하면 됩니다.
8개 이상	왜 그러시는 거예요? ㅠ.ㅠ

(((솔로 탈출을 위한 2·3·4·5 법칙)))

필자의 친구 이야기다. 얼굴이 그렇게 예쁘거나 몸매가 정말 좋은
건 아닌데 학교 다닐 때 언제나 주위에는 남자들이 줄을 섰다. 누구
랑 사귀다가 헤어지면 다음 날 다른 남자애가 헤벌쭉거리며 그녀 옆
자리를 차지하고 앉아 있었다. 그녀에게는 연애 세포가 다른 사람보
다 몇 배는 많을 거라는 생각이 들 정도였다. 시간이 지난 후 그녀의
연애 필살기가 바로 '타이밍'이라는 것을 깨달았다. 그녀는 한 남자와
헤어지고 나서 자신이 언제 어떻게 해야 다른 남자들이 그녀가 혼자
라는 사실을 알고, 어떻게 해야 말을 거는지 정확히 계산할 줄 아는
영리함이 있었다. 양 떼처럼 우르르 몰려다니며 시시덕거리는 보통
여자애들과는 달리 중요한 타이밍에 혼자 무리에서 나와 남자들이
다가올 수 있는 상황을 만들었다. 상대적으로 그녀에게는 기회가 많
았고 그 기회를 성공적으로 잡았던 것이다. 연애가 고픈 솔로들이 명
심해야 할 것! 눈치 빨리 움직이고 기회를 잡는 것이 중요하다. '그렇
게까지 해야 해?' 하고 생각하는가? 그렇게까지 안 하고 있는 당신만
이 혼자다.

　솔로들이 가장 어려워하는 것이 '마음에 드는 상대에게 어떻게 다
가가서 말을 걸어야 할까?'라고 한다. 썸남 썸녀를 앞에 두고 망설이
고 있는 당신에게 그린라이트를 켜줄 스피치 솔루션을 제시한다.

평소에 관심이 있던 사람과 만날 기회가 생겼다. 예를 들어 친구의 SNS에서 눈여겨 보던 그 사람이 이번 모임에 나온다고 한다. 혹은 다른 부서의 김 대리와 연말 송년회에서 마주칠 것 같다. 또는 친구 생일파티에 찍어둔 그녀가 온다고 하더라.

이럴 때, 자연스럽게 상대에게 말을 걸 수 있게 하는 특급 솔루션이 있는데, 바로 '2·3·4·5' 접근법이다. 자연스러워 보이지만 치밀한 계산이 숨어 있는 '2·3·4·5' 접근법을 알아보자!

2미터, 3초, 4초, 5른 쪽

2! 그를 발견하면 2미터 거리까지 접근한다. 보통 사람들은 2미터 안쪽은 개인적인 공간이라고 생각해서 친근한 사람이 아니면 그 공간에 들어오는 걸 부담스럽게 생각한다. 낯선 사람이나 친하지 않은 사람이 2미터 안으로 들어오면 심리적인 불안을 느껴서 거부할 수 있다는 얘기다. 반대로 2미터 밖으로 벗어나 버리면 관심 밖으로 밀려난다. 왔는지 안 왔는지 전혀 신경 쓰지 않는다. 애매하게 신경 쓰이는 거리, 2미터를 지키자.

3! 앞에서 이야기 했던 시선의 3법칙이다. 3초 정도 그 사람의 삼각형 부위를 바라본다. 상대방이 '어, 왜 나를 바라보지?' 하고 궁금한 마음이 생길 때까지. 누군가 나를 3초 정도 뚫어지게 바라보면 아주 둔한 사람이 아니고서는 끈적이는 시선을 느낄 수밖에 없다. 그렇

게 눈빛 발사를 하고 그와 눈이 마주치면 자연스럽게 살짝 미소를 보이며 눈 인사를 한다.

4! 바로 4초 이상 벗어나기다. 눈인사를 했다고 바로 다가가서는 안 된다. 4초 이상 다른 곳으로 시선을 돌려야 한다. 다른 사람과 다정하게 인사를 나눈다거나 화장실을 다녀온다거나 하는 방법이 좋다. 만약 '벗어나기' 없이 바로 접근하면 누구나 '저 사람이 나에게 관심이 있구나' 하고 예상한다. 그 예상이 틀렸을 때, 상대방은 불안해한다. 나에게 관심을 보인 것 같은 사람이 갑자기 나에게 시선을 주지 않거나 외면하면 '어, 나에게 관심이 있던 게 아닌가? 어디 갔지?' 하고 기다리게 된다.

5! 오른쪽에서 나타나기다. 미국의 심리학자 스틴저의 커뮤니케이션 행태 연구에 따르면 정중앙은 '대결' 이미지가 강하고 오른쪽 방향은 '친근 효과'가 작용하는 위치라고 한다. 사람의 시선은 왼쪽에서 오른쪽으로 이동하는 게 일반적이고 가장 오른쪽에 있는 물건이나 사람에 대해 호감이 증가하고 그 위치에 무언가 중요한 의미를 부여한다고 한다. 4초 이상 사라졌다가 오른쪽에서 나타나면 상대는 '나를 보다가 어디 갔다온 거야?' 하고 안도감을 느낀다. 그리고 왠지 중요한 사람일 것 같은 믿음이 생긴다. 바로 그때가 말을 건네는 적절한 타이밍이다. '안녕하세요? OO친구시죠? OO 핸드폰에서 몇 번 봤어요. 인상이 좋으셔서 기억나네요!' 이때, 눈썹을 올리면서 특별한 인상을 주면 훨씬 더 효과적이다. 주의할 점이 있다. OO이라는

친구의 이야기를 주구장창 늘어놓지 않는 것이다. 처음 접근할 때는 두 사람의 유일한 공통사인 OO친구 이야기를 하는데, 이 친구의 이야기는 한두 번으로 끝내야 한다. 말할 때마다 'OO이가 이야기 많이 했어요.', 'OO이랑 어디 다녀오셨다면서요?', 'OO이가 이 근처에 있다던데' 하고 말하면 그 친구보다 못한 인간, 친구한테 묻어가는 인생, 자존감 낮은 사람처럼 보일 수 있다.

　낯선 사람에게 말 걸기! '2·3·4·5 접근법'으로 선수 아닌, 선수가 되어 보자! 모태솔로 여러분의 찬란한 연애 성공기를 기대하며!

밀당의 고수!

연애를 잘하는 사람은 밀당의 기술이 탁월한 사람입니다. 밀당은 말 그대로 밀고 당기기예요. 그런데 거꾸로 당기고 밀면 완전 망하는 겁니다. 밀당의 기술을 파헤쳐볼까요?

나_어제 회식 때 안 오셨죠?

A_아! 네. 다른 일정이 있어서 못 갔어요.

나_그러셨구나. 엄청 중요한 일정이었나 보네요.

A_그런 건 아니고요. 가족모임이요.

나_아~ 가족 모임. 애인이랑 데이트 때문인가 했죠.

A_하하 애인은 무슨…. 저 안 가서 서운하셨어요?

나_제가 서운할 건 없는데요. 안 오신 분들이 많아서 그냥 궁금했었죠. [밀기]

A_에이, 그냥 궁금했던 거예요?

나_그죠. 어제 김 대리님, 박 주임님, OO 씨, 다 못 오셨거든요. [밀기]

A _아, 그렇군요.

나_그런데, A대리님이 안 오셔서 별로 재미없었어요. 다음부터 안 오실 땐 꼭 저에게 알려주세요. 그래야 안 기다리죠! [당기기]

상대가 기대하게 만들고 살짝 밀어주세요. 무심한 듯, 시크한 듯. 그러고 나서 특별한 감정이 들 수 있도록 당겨 줍니다. 개인적인 연락을 기대하듯 말이죠. 믿을 순 없겠지만 당신의 몸 속 어딘가에 연애 세포는 분명 있답니다. 그린라이트 스피치로 잠자는 연애 세포를 흔들어 깨우세요! 일어나라~ 연애세포여!

그와
그녀의
대화법

비틀대던 내 삶에

너란 작은 기적 불어와

제대로 살고 싶단

강한 맘이 살아나서

세상에서 하나뿐인 소중한 사람

지친 하루 끝에 제일 먼저 생각난 사람

사랑보다 사랑해

나를 구해준 사람

항상 너였으니까

– 강우진 '사랑보다 사랑해' 중

그 여자는 사랑에 관한 노래를 들으며 생각한다. 시작하는 연인
들은 서로를 사랑한다. 남자는 여자의 움직임, 여자의 말투, 여자의
머리카락이 예뻐서 어쩔 줄 모르고 남자의 어깨, 남자의 발소리, 남
자의 손에 여자는 끌린다. 사랑하는 마음이 커지고 커져서 좋을 때

는 한없이 좋지만 실망하는 것도 그만큼 크다. 남자는 여자의 집요함에 지치고 여자는 남자의 무례함에 화가 난다. 남자는 배려가 당연하다고 생각하는 여자의 움직임, 꼬치꼬치 캐묻는 여자의 말투, 차갑게 돌아서는 여자의 머리카락이 지겹다. 여자는 자신감 없는 남자의 어깨, 눈치 없는 남자의 발소리, 이기적인 남자의 손이 서운하다. 대화로 풀어보려 하지만 남자는 남자의 말을 하고 여자는 여자의 말을 한다. 둘의 대화는 좀처럼 만나지 못한다. 서로에 대해 알아가면 갈수록 이 사람이 정말 내 인연인지 끝없이 의심한다. 이렇게 대화가 안 통하는데, 정말 내 반쪽일까? 그 여자는 죽을 것처럼 사랑하다 매몰차게 헤어지는 연인들을 많이 봤다. 서로에게 콩깍지가 두세 겹 발라 있을 때는 '그랬졍? 보고싶었졍. 여봉' 듣는 사람 손발도 오그라들게 만드는 대화를 하다가도 작은 의견차를 좁히지 못하고 모질게 헤어지고 만다. 그런 과정을 겪은 사람들은 '말이 안 통하는 사람'이었다는 게 헤어진 이유라고 말한다. 아이러니하게도 그들이 처음 만나 사랑에 빠진 이유가 '말 안 해도 마음이 통하는 사람'이라는 것이었다. 이들뿐 아니다. 세상 모든 남녀는 말이 안 통한다. 모든 남자는 여자의 말을 귓등으로도 듣지 않고, 모든 여자는 남자의 말을 무시한다. 일부러 그러는 게 아니라 못 알아듣기 때문이다. 남자와 여자의 말은 목적이 다르고 담긴 의미가 다르고 형태가 다르다.

그 여자는 노래를 끝까지 듣는다. 그리고 남자와 여자의 말이 만날 수 있는 방법을 생각하며 라디오 녹음실로 향한다.

이지은_안녕하세요, 청춘스케치 여러분! 이지은입니다.

김은지_네! 대표님 오늘은 일곱 번째 시간이에요. 어떤 유익한 이야기를 해주실 건가요?

강우진_기대됩니다. 오늘도 저 열심히 배워볼게요!

이지은_네, 오늘은 그린라이트가 아니라 노란불이 켜진 연인들을 위한 시간입니다.

김은지_노란 불이 켜진 연인들이라면, 시들시들해진 연인인가요? 애정이 식은 연인?

이지은_네, 맞아요. 꺼질락말락하는, 노란 불이 켜진 연인들 사이를 그린라이트로 바꾸는 방법을 이야기해 드리려고요. 시작하는 연인에게는 대화가 필요 없죠. 눈빛만 봐도 서로 통하니까 말이죠. 그런데 오래된 연인은 대화를 하고 싶어도 잘 안 되죠. 서로의 소통방식이 다르기 때문이에요. 우진 씨는 여자 친구가 어떤 말을 할 때 이해가 안 되나요?

강우진_애매한 질문을 할 때요. 이게 예뻐? 안 예뻐? 하고 물어보면 진심으로 이야기해야 하는지, 거짓말로 기분 좋게 해줘야 하는지 모르겠어요. 정말 애매해요. 어떻게 말하든 화를 내긴 마찬가지인 것 같아요.

이지은_그렇죠. 그럼 은지 씨는 남자 친구가 이런 말을 할 때 정말 이해할 수 없다, 하는 게 있나요?

김은지_네, 있어요. 미안하지 않은데 '미안해' 하고 건성으로 말할 때요. 뭐가 미안하냐고 물어보면 모른대요. 뭐가 미안한지 모르면서 그냥 말하는 거면 이 상황을 그냥 은근슬쩍 넘어가려고 하는 거잖아요. 그렇게 대충 말하는 마음을 정말 이해할 수 없어요.

이지은_네, 맞아요. 저도 백 퍼센트 공감하는데요, 남성과 여성은 커뮤니케이션 방식이 다를 수밖에 없습니다. 존 그레이라는 작가가 『화성에서 온 여자, 금성에서 온 남자』라는 책을 썼듯이, 우리는 서로 다른 별에서 지구탐사를 하러 왔다가 만난 거예요. 그런데 돌아갈 길은 없고, 같이 살아야만 하죠. 평생을 이해하지 못한 채 말이죠. 이해하지 못한다고 영영 모른 채 살면 속병이 나잖아요. 그래서 상대의 커뮤니케이션 방식을 알아볼 필요가 있습니다.

(((내 남자를 이해하고 내 여자를 받아주는 스피치)))

연령대에 따라 이성을 보는 기준은 달라지기 마련이다. 여성의 경우, 10대에 남자를 고르는 기준은 외모라고 한다. 키가 컸으면 좋겠고 얼굴도 아이돌 가수처럼 생기면 좋겠다고 한다. 20대에는 똑똑하고 호감형의 남자를 좋아한다고 한다. 아무래도 좋은 직장에 들어가야 하니 스마트한 머리를 기대하는 것이리라. 30대는 성격이라고 한다. 너무 잘생기면 얼굴값을 하니까 성실하고 착한 성격을 바라는 것이다. 40대에는 아이가 없으면 괜찮다고 한다. 그렇다면 남성은 어떨까? 10대에는 웃는 모습이 예쁜 여자라고 한다. 20대에는 술 마시는 모습이 예쁜 여자라고 한다. 30대에는 일하는 모습이 예쁜 여자라고 한다. 40대에는 밥하는 모습이 예쁜 여자라고 한다. 그냥 우스운 이야기라고 넘겨버리기에는 생각할 거리가 많이 있다. 여성은 이상형을 따질 때도 외모나 성격, 능력 등 여러 가지를 고려하고 결정하는 과정도 복잡한 반면 남성은 상대적으로 단순하고 직설적이다. 이런 차이는 이상형뿐 아니라 커뮤니케이션 방식에서도 그대로 나타난다.

남자의 단어, 여자의 단어

남녀가 하루 동안 사용하는 단어의 개수도 서로 다르다. 한 연구 결과에 따르면 남자는 하루 동안 2천 개에서 최대 2만5천 개 단어를 사용하고 여자는 적게는 7천 개에서 많게는 5만 개의 단어를 사용한다고 한다.

사용하는 단어의 형태도 다르다. 남성은 '이렇게 하십시오', '하지 마십시오', '이렇게 준비했습니다' 등의 지시형, 명령형, 서술형의 문장을 많이 사용한다. 여성은 '이렇게 해보는 게 좋을 것 같네요', '이건 어떻게 한 거예요?', '이런 건 어떨까요?' 등 권유형, 대화형, 의문형의 문장을 많이 사용한다.

제스처도 서로 다르다. 남성은 제스처를 아예 사용하지 않거나 필요하다고 느낄 때 주먹이나 손날 등을 활용해 확신에 찬 제스처를 사용한다. 그리고 안에서 밖으로 나가는 제스처를 쓴다. 이는 상대보다 우위에 서고 싶다는 심리가 반영된 제스처다. 반대로 여성은 제스처를 자주 사용하고 손가락이나 손목 등을 많이 활용한다. 그리고 밖에서 안으로 끌고 들어오는 제스처를 좋아한다. 이는 자기 방어 심리가 반영된 제스처라고 한다.

대화 내용에서도 차이가 많다. 남성은 결론을 내기 위한 대화를 주로 하고 여자는 과정을 즐기는 대화를 주로 한다. 그래서 남자의 어휘는 단호하고 결과론적이고 목적 지향적이며 여자의 어휘는 모호하고 이중적이고 과정 중심적이다.

대화든, 싸움이든, 말장난이든 빨리 끝내고 쉬고 싶어 하는 남자와 차근차근 짚고 넘어가야 직성이 풀리는 여자가 서로를 이해하지 못하는 게 어쩌면 당연한 것이리라.

대표적인 갈등 상황을 한 번 생각해보자. 한 커플이 일요일 오후에 만나기로 한 상황이다. 그런데 남자는 토요일 저녁 늦게까지 이어진 회사 회식을 했다. 그래서 일요일에 여자 친구를 만나러 갈 수 없게 된 상황이다. 이때, 남자는 어떻게 약속을 취소해야 할까? 대부분의 남성은 다음과 같이 말할 것이다.

"자기야~ 내가 오늘 진짜 가려고 했었는데, 어제 우리 신입사원 환영식 있었잖아. 내가 신입인데, 어떻게 나오냐. 내가 이런 상태로 만나면 아마 너도 화가 날 거 같아. 오늘 한 번만 봐주라 응? 제발~."

그러면 대부분의 여성은 이렇게 응수할 것이다.

"그럴 줄 몰랐어? 그렇게 늦게까지 있을 거면 술을 적당히 조절해서 마시든지, 눈치껏 해야지. 오늘 나 만나는 거 몰랐던 것도 아니었잖아. 오빠는 기본적으로 오늘 우리 약속이 중요하다고 생각하지 않는 것 같아."

이어서 남자는 "미안해. 정말 미안해. 다시는 안 그럴게"라고 하고 여자는 "정말 미안하기는 한 거야? 뭐가 미안한 건지는 알아? 그냥 미안하다고 말하면 다 되는 줄 알아? 다시 이야기해봐. 지금 이렇게 하고 전화 끊을 거냐고!" 하며 도돌이표를 10번 찍어야 화가 풀리기 시작한다. 이때 남녀가 서로를 밑바닥까지 끌고 가서 패대기를 치지 않으려면 서로의 커뮤니케이션 특성을 이해하고 맞춰줘야 한다. 그래야 서로 스트레스 없이 오래 살 수 있다.

남자가 맞춰줄 것은 여자의 준비 과정과 마음이다. 여자는 남자를 만나기 위해 네일샵에 가서 비싸게 네일 서비스도 받고 언니한테 치마도 빌렸을 것이다. 인터넷으로 맛집을 검색하고 메뉴도 이미 눈으로 스캔해 놓았을지도 모른다. 지난 주에 친구 커플이 다녀왔다던 데이트 코스를 눈여겨보았다가 그곳에 가서 다정하게 셀카를 찍는 상상까지 했다면 심각하다. 이렇게 만반의 준비를 했는데 남자의 철딱서니 없는 술 투정이라니, 정말 어이가 없다고 생각한다. 이런 과정을 '미안해' 한마디로 정리해버리는 그에게 정나미가 뚝 떨어진다. 남자는 여자의 과정을 이해해주어야 한다. 이렇게 많은 계획과 기대를 하고 있는 그녀에게 그 모든 것을 못해줘서 진심으로 미안하다는 표현을 해야 한다. 그 마음이 얼마나 속상할지 참으로 헤아릴 길이 없다고 침을 튀기며 말해야 신상이 편하다. SNS에 올릴 사진이 없다는 것은 여자에게는 엄청난 괴로움일 수도 있기 때문이다.

여자는 만나든, 안 만나든 결과가 중요한 게 아니다. 못 만나는 것을 이해하는 과정이 더 중요하다. 남자가 귀찮아서 나를 만나지 않겠다고 한 것이라 느끼면 바로 저울질 대화로 이어진다. '내가 중요해? 그까짓 회식이 중요해?' 그런데 오늘의 만남을 기다렸던 상대의 마음을 헤아리고 내 미안함을 전달하면 여자는 어느 정도 수긍한다. 그러면 여자 입장에서 최선의 대안을 찾기 시작한다. '난 옆에서 그냥 과제나 일을 하고 있을 테니 오빠는 쉬어'라는 기가 막힌 절충안이다.

물론 남자에게는 만난 것도 아니고 안 만난 것도 아닌, 더 피곤한 상태가 될 가능성도 있다.

이 과정에서 남성은 여성에게 마음을 전하는 아주 중요한 대화기법인 'I massage 3단계'를 활용하면 좋다.

> 첫째, 감정인정 & 폭풍공감
>
> 둘째, 상황설명 & 10회반복
>
> 셋째, I-massage & I love you

못 만나서 서운해하는 여자에게 이렇게 말한다.

첫째, "은지야, 우리 일주일에 한 번 만나는 건데, 미안해서 어쩌냐. 많이 속상하겠다. 오빠도 엄청 기다렸는데, 우리 은지는 얼마나 많이 준비했을까? 정말 서운하겠다."

둘째, "어젠 회식 자리가 좀 어려운 자리여서 오빠도 좀 긴장되었었어. 미안해. 그런데 내가 이 상태로 나가면 데이트에 집중 못하고 정신 줄 놓고 있을 것 같다." (여자의 화가 풀릴 때까지 10회 반복)

셋째, "오빠가 정말 미안하다. 조금 일찍 들어왔어야 하는데, 그렇게 못했네. 네 마음 아프게 해서 내가 진짜 미안해. 오빠가 다음 주중에 잠깐 갈게! 보고 싶어."

이때 많은 남자들이 두 번째 단계에서 실패한다. 두 번째 단계에서 10회 반복을 할 때 급격히 피로해지며 슬슬 짜증이 밀려오기 때문이다. '한두 번 미안하다고 하면 됐지, 그걸 뭐 이렇게 사죄를 하냐?' 하고 멘탈이 무너지고 마는데, 이것만 잘 넘기면 여자의 무한 신뢰를 얻는다. 여성은 남자가 진짜로 미안해하는 것도 바라지만 자신의 화를 인내심을 갖고 풀어주는 세심하고 믿음직한 모습에 고마움과 안도감을 느낀다. 남자의 꿋꿋한 사과야말로 여자가 바라는 모습이다. 이 과정을 견디기 힘든 남성은 유체이탈 대화를 연습해보자. 말은 하되 영혼을 조금 빼서 본인의 감정을 조절하는 것이다. 그린라이트를 위해서 전지적 작가 시점으로 대화하는 스킬을 적극 추천한다.

내 남자 이해하기

여성이 옆에 있으면 남성은 자극에 대한 반응이 무뎌지고 어리벙벙해지는 것으로 나타났다. 이는 네덜란드 라드보우드대학교 사회 심리학과 연구팀이 내놓은 연구 결과다. 연구팀은 이성과 함께 있을 때의 인식능력 변화를 확인하기 위해 남녀가 만나는 상황을 만들어놓고 만남 전후에 인지능력을 측정했다. 그 결과, 여성들은 만남 전후로 인지능력에 별 변화가 없었지만, 남성들은 대부분 만남 뒤에 인지능력이 크게 떨어진 것으로 나타났다. 여성을 만나고 나면 남성은 일시적으로 정신이 멍해진다는 결론이다.

— 2015년 1월 30일 코메디닷컴 뉴스

남자는 하나에 집중하면 다른 일을 동시에 해결하거나 신경 쓰지 못한다. 위 기사처럼 여성에게 호감을 얻으려고 머리를 쓰는 남성은 그 직후, 멘탈이 분리되어 단순한 작업에서도 능률이 떨어진다. 회식에 꽂힌 남자가 여자 친구를 생각하는 것, 축구를 보는 남자가 여자 친구와 전화통화를 하는 것, 게임을 하는 남자가 여자 친구와의 약속을 기억하는 것 등 하나에 빠진 남자가 다른 하나를 떠올려 인지하는 것을 어려워하는 건 전 세계 어떤 남자에게나 똑같은 현상이다.

그렇다면 여성은 남성의 어떤 마음을 이해해주어야 할까?

> 첫째, 회식에 대한 파블로프 반사
>
> 둘째, 그냥 귀찮음 병
>
> 셋째, 부족한 어휘력

이 순진한 남자는 본인이 그 술자리에 빠지면 큰일날 것 같다는 착각의 늪에 빠져 있다. 자신을 위한 자리였고, 그곳에서 모든 인사고과가 결정되고, 성공의 지름길이니 사수해야만 하는 일생일대의 큰 기회라고 생각한다. 그런 중요한 자리를 여자 친구가 이해하지 못한다는 것은 자신이 회사에서 중요한 사람이라는 것을 이해하지 못하는 것이라고 생각해서 남자로서 자존심이 상한다. 회식은 그 남자의 자존심이라는 것을 이해해주어야 한다. 남자는 술을 잘 마시든 못마시든 회식 때 약한 모습을 보이는 것을 자존심 상해한다. 남자에게 직장은 전쟁터이며 회식은 술이 있는 전쟁터다. 끝까지 살아남아 무용담 늘어놓기를 좋아하는 남자라면 더욱 자존심을 다치게 해서는 안 된다. '뭐 대단한 직장이라고 유세를 그렇게 떠냐'며 직장과 술자리 자체를 무시하거나 '회식도 일이라니, 그게 말이 되냐'고 벽을 쌓는 말은 피하는 게 좋다. 여성에게 쇼핑이나 수다가 중요한 일인 것처럼 남성에게는 여성이 이해할 수 없는 정서가 있다고 생각하자.

또 남성은 가끔 그냥 '귀찮음 병'이 도질 때가 있다는 것도 알아두면 이해하기 쉽다. 특별한 이유 없이 그냥 밖에 나가는 것 자체가 귀찮아진 것이다. 여성은 밖에 나가 시원한 공기를 마시며 군것질도 하고 수다도 떨어야 스트레스가 풀리는 반면 남성은 밖에 나가 데이트를 하면 에너지가 바닥을 쳐서 방전돼버린다. 휴일만 되면 우리의 아빠, 우리의 남편, 우리의 남친, 우리의 오빠나 남동생들이 소파와 한 몸이 되어 뒹굴거리는 이유다. 귀찮아할 때는 그냥 쉽게 두고 쿨 하게 받아들여보자.

또 남자는 여자보다 어휘력이 부족하기 때문에 같은 표현이라 하더라도 살가운 단어 선택이 어렵다. 오로지 약속을 취소하고 다시 침대로 기어들어가고 싶다는 의지로 똘똘 뭉쳐서 영혼 없이 '미안해. 사랑해'를 연발하고 있는 것이다. 부족한 단어의 개수, 달리는 어휘력을 이해하면 그가 왜 저렇게 철없이 행동하고 말하는지 알 수 있다. '아, 이 남자가 오늘 써야 될 5천 개의 단어를 어제 술자리에서 다 써버렸구나. 배터리가 나가서 오늘 움직일 수 없구나' 하고 신경을 끄자. 서로 오래 사는 비결이다. 여자들의 약간의 무관심이 남녀 관계를 편하게 만드는 것임을 잊지 말자.

남성과 여성의 단어

'여성은 이렇고 남성은 이렇다'는 이분법적 사고는 옳지 않지만, 여성이 주로 사용하고 있는 단어와 남성의 단어를 살펴보면 보편적 감성을 이해하기 쉽습니다. 여성은 이해와 존중, 공생에 관한 단어를 즐겨 쓰고 남성은 순위와 승패, 확신에 관한 단어를 쓸 때 안정을 느낍니다.

여성이 자주 하는 이야기	남성이 자주 하는 이야기
이것도 예쁘고 저것도 괜찮다. 다시 한 번 보고 올게요.	이거, 나쁘지 않다. 이걸로 하겠습니다.
김밥 먹고 싶었는데, 우동으로 바꿀게.	이 집은 김치찌개가 최고야. 한 달 내내 김치찌개로!
이번 프레젠테이션에서 앞 부분 준비는 A씨가 하고 뒷 부분은 제가 했습니다.	다음 프레젠테이션도 최고로 완벽하게 준비하겠습니다.

내 남자, 내 여자 이해하면 세상이 달라집니다.

멈춤
스피치
기법

그 여자는 운전을 하며 한 손으로 전화기를 더듬는다. 회사로 전화를 걸어 오늘 스케줄을 확인하고 다시 거래처 전화번호를 찾아 어제 끝내지 못한 프로젝트를 이야기한다. 신호등에 빨간불이 켜진 틈을 타 미처 그리지 못한 한쪽 눈썹을 재빨리 그린다. 머릿속으로는 오후에 예정되어 있는 방송 스케줄과 강연, 그리고 친정 엄마의 생신 모임, 이틀 전 의뢰받은 강의 제안서 마무리 작업, 현재 운영하고 있는 '키즈 스피치 마루지'의 특강 프로그램이 한데 뒤엉켜 있다. 그 여자는 신호등이 초록불로 아직 바뀌지 않은 것을 확인하고 화장품을 정리한다.

그 여자는 99년부터 방송 일을 시작했다. 그땐 소속사도 없었고 매니저는 생각도 못했다. 스케줄을 잡고 메이크업을 하고 의상 협찬을 받아 촬영장으로 이동하는 모든 일을 그 여자 혼자 했다. 그래서 그 여자는 1분 1초를 허투루 보내면 안 되었다. 조금만 늦어지면 촬영이 펑크 나고 조금이라도 시간 계산이 안 맞으면 다음 스케줄이 꼬여버렸다. 빠듯하게 움직이며 모든 것을 컨트롤하며 방송을 하던 습관이 아직 그 여자의 몸에 배어 있다. 설거지를 하며 뉴스를 보고, 밥을 먹으며 통화를 한다. 운전을 하며 화장을 하고 운동을 하며 스케줄 정리를 한다. 오른손이 하는 일을 왼손이 빨리 하라고 재촉하는 꼴이다. 그 여자는 세월이 많이 지나자 그렇게 사는 것이 그렇게 효율적이지 않다는 것을 알았다.

그 여자는 자동차 앞 좌석에 달린 손바닥만 한 룸미러를 보다가 가만히 생각을 멈춘다.

> 사실 내가 권하는 시간은 단지 3분이지. 3분이라는 것이 어떤 신비한 효과는 없지만 모든 것을 중단하고 잠시 멈춤(pause)으로써 자네의 에너지와 힘을 재충전할 수 있는 아주 중요한 순간이라네.
>
> — 존 하리차의 '행복한 멈춤' 중

그 여자는 전화기를 가방에 넣고 심호흡을 한다. 군데군데 낙엽이 떨어져 뒹구는 골목길에 차를 세우고 창문을 내린다. 자동차 안에서 데워진 공기 사이로 시린 바람이 비집고 들어온다. 콧구멍을 크게 벌려 허파 가득 겨울 바람을 집어넣는다. 아무 생각도 하지 않기로 한다. 아무 생각 없이 3분을 버텨보기로 한다. 하늘이 파랗다고 느낀다.

그 여자는 한결 가벼워진 마음으로 라디오 녹음실 문을 연다. 반가운 사람들이 맞이해준다.

김은지_대표님 안녕하세요.

강우진_기다렸습니다. 추우니까 따뜻한 커피 한 잔 드세요!

이지은_네네. 감사합니다. 밖은 정말 추운데, 녹음실은 정말 따듯해요. 오늘 그린라이트 스피치 시작할까요?

김은지_네, 대표님. 오늘은 어떤 이야기를 들려주시나요?

이지은_오늘은 쉬어 갈까요?

강우진_네? 쉬어요?

이지은_네, 지난 주에는 제가 노란 불이 켜진 사람들을 위한 그린라이트 스피치를 말씀 드렸는데요. 이번 주는 빨간 불 스피치를 말씀 드릴게요.

김은지_빨간 불이요?

이지은_네, 바쁘게 하루하루 살다가 문득 걸음을 멈춘 적 있으세요? STOP! 하고요.

김은지_아, 빨간 불 '멈춤'이요? 저는 가끔 정신없이 일하다가 '내가 지금 뭐 하는 거지?' 하며 머릿속에서 빨간 불이 켜질 때가 있어요.

이지은_네, 저도 바쁜 생활을 하다가 모든 것이 '멈춤!' 하고 멈추는 시간이 있는데요, 커뮤니케이션에도 멈춰야 할 때가 있습니다. 빠르게 말하다가 멈추어야 하는 순간이 있죠. '제가 생각할 때 인생에서 가장 중요한 것은 가족입니다'라고 말하면, 진짜 '가족'이 중요하다는 생각이 드나요?

강우진_아니요. 그냥 후루룩 흘러가버리는데요?

이지은_네, 맞습니다. 멈추지 않고 말하면 아무리 중요한 이야기라 하더라도 그 중요성을 잘 전달하지 못합니다. 삶도 그렇지만 말도 중요한 부분에서 멈춰야 하지요. 적당한 곳에서 멈추면 다른 사람들이 내 이야기를 더 잘 이해할 수 있답니다.

(((멈춤 강조를 활용한 그린라이트 스피치)))

친구 셋만 모이면 그중에 분위기를 담당하는 사람이 있기 마련이다. 단체 미팅을 할 때도 호들갑스럽게 이야기하고 과장된 표현을 하며 분위기를 띄우는 사람이 필요하다. 이런 사람의 특징은 말이 빠르고 수다스럽다는 것이다. 그런데 안타깝게도 그들이 분위기를 띄우고 나면 뒤에서 묵묵히 듣고 있던, 비주얼을 담당하는 친구가 급부상을 한다. 몇 마디 말하지 않았는데도 그가 한 말은 왠지 더 중요한 것 같고 귀에도 쏙쏙 들어온다. 잠깐 멈추었다가 이어가는 '말의 밀당'을 듣고 있으면 그에게 뭔가 깊은 사연이 있을 것 같아서 마음이 넘어가기도 한다. 이처럼 말의 속도는 한 사람의 이미지를 결정하는 데 아주 큰 역할을 한다. TV 드라마 속 남자 주인공이 여자 주인공에게 '아프지 마요… 내 앞에서는' 하고 멈추었다가 말하는 장면을 보면서 그 남자를 따라 같이 숨을 참게 되는 이유도 여기에 있다. 이렇게 말의 속도를 조절해서 이야기를 중요하게 만드는 기술이 '포즈 강조법'이다. 천천히 말하거나 멈춘 다음 말하는 것, 즉 포즈 강조법으로 내 이야기를 중요하게 만들고 그 말을 하는 나도 중요한 사람으로 만들 수 있다.

포즈 강조를 활용하는 세 가지 규칙을 살펴보자.

첫째, 어디에서 멈추나?

둘째, 얼마 동안 멈추나?

셋째, 멈출 때 무엇을 하나?

어디에서 멈추나?

자신이 생각하는 가장 중요한 핵심 단어 바로 앞에서 멈추면 효과적
이다. '제가 생각할 때 인생에서 가장 중요한 것은 /// 가족입니다'에
서는 '가족' 앞에서 멈추어야 하고 '직장에서 살아남기 위한 가장 좋은
방법은 /// 눈치보기 입니다'에서는 '눈치보기' 앞에서 멈추어야 한
다. 이때 포즈 강조 뒤에 이어지는 말이 지나치게 길지 않도록 주의
한다.

> ❶ '여자 친구가 화가 났을 때 /// 다른 어떤 말보다 효과적인 한 마디, 무조건 사랑
> 한다고 말하세요.'
> ❷ '여자 친구가 화가 났을 때 다른 어떤 말보다 효과적인 한 마디, 무조건 /// 사랑
> 한다고 말하세요.'

1번처럼 멈춘 뒤에 긴 문장이 오면 포즈 강조의 효과가 떨어지고
뒤의 문장이 전혀 중요하게 느껴지지 않는다. 2번과 같이 강조 뒤에
아주 간단한 한마디를 남겨야 '사랑한다'는 말이 정말 효과적인 한마

디처럼 느껴진다.

　그럼 포즈 강조법을 활용하여 다음의 문장을 말해보자.

> • 제가 이 회사에 지원한 가장 큰 이유는 특별한 /// 추억 때문입니다.
> • 선배님! 제가 직장생활을 오래 한 것은 아니지만 왠지 선배님은 직장 선배가 아니라 /// 형님처럼 모시고 싶습니다.
> • 자기야, 오늘 우리 엄마한테 전화해서 살갑게 통화해줘서 나 정말 /// 감동받았어.

얼 마 동 안 멈 추 나 ?

2~3초 정도다. 너무 빨리 다음 말로 넘어가 버리면 상대방이 궁금해 할 시간과 추측할 시간을 빼앗는 꼴이 되고 지나치게 오랫동안 멈춰 있으면 청중 집중도가 흐려진다. 단, 치밀한 계획하에 3초 이상의 포즈를 두는 경우도 있다. 무대 위를 이동하며 긴장도를 극대화한 후 충격적인 장면을 보여준다든가, 강한 인상을 주어야 하는 경우에 활용 가능하다. 하지만 이렇게 극대화된 포즈 강조를 1회 이상 사용한다면 청중의 마음이 떠날 수 있다. 충격요법이 더 이상 충격적이지 않다는 충격적인 사실.

멈추면서 뭐하나?

그럼 2~3초 동안 멈추었을 때 무엇을 하면 좋을까? 눈에서 레이저를 쏘고 있으면 된다. 중요한 핵심 단어를 말하려고 포즈를 두면서 상대방을 바라보지 않거나 원고를 보느라 바쁘면 강조 효과가 떨어진다. 강한 눈빛으로 상대를 바라보며 이야기에 집중하고 있는지 눈치를 살펴야 한다.

일대일 상황이 아니라 조금 더 큰 무대나 연단에서 프레젠테이션을 할 때도 멈춤 강조를 활용하면 청중을 사로잡을 수 있다. 가장 중요하다고 생각하는 말 바로 앞에서 목소리를 약간 키우고 멈추었다가 작은 목소리로 천천히 또박또박 말하면 청중이 몰입한다. 거기에 한 가지 더해 멈추었을 때 청중 쪽으로 몇 걸음 걸음을 옮겨보자. 졸던 사람도 퍼뜩 깨어난다.

다음 이야기를 포즈 강조를 활용하는 세 가지 규칙을 유념하며 말해보자.

활력이 넘치는 직장생활을 꿈꾸시나요? 즐겁고 건강한 직장 생활을 하는 비법이 있습니다. 바로 /// 생활습관을 바꾸는 것이죠. 책상 주변을 청결하게 유지하고 책상 아래에 굽이 낮은 신발이나 슬리퍼를 두어 다리의 혈액순환을 도와줍니다. 그리고 무엇보다 중요한 것은 척추를 바르게 세우고 의자를 바짝 당겨 앉아 /// (앞으로 움직이기) 바른 자세를 유지하는 것입니다.

단, 어디에서 멈출 것인가에 대해 계획 없이 멈춤 강조를 활용하거나 지나치게 자주 사용하면 효과가 반감한다. 계획한 멈춤 강조로 스피치할 때 영향력을 높여보자. 삶에서 멈춤은 여유이고 스피치에서의 멈춤은 그린라이트다.

스피치의 속도로 완급을 조절하세요

'그런데 말입니다.' 이제는 유행어처럼 들리는 말입니다. 한 방송사의 시사 프로그램 진행자의 단골 멘트인데요, 이 멘트가 큰 인기를 끌고 있는 이유는 진행자의 움직임과 멘트의 완급조절이 절묘하게 맞아 떨어졌기 때문입니다.

> 마을 주민들은 하나같이 그를 마지막으로 본 지 (빠르게) 꽤 오랜 시간이 지났다고 하는데요. (몸을 돌리며) 그런데 말입니다. (천천히) 여기서 궁금한 점이 있습니다.

말하는 내용을 효과적으로 전달할 수 있는 기술 중 '속도 조절'이 있는데요. 롤러코스터를 생각해보면 간단합니다. 롤러코스터를 탈 때도 천천히 가는 구간과 빠르게 가는 구간이 있습니다. 천천히 가는 구간에서는 슬슬 긴장이 되고 빠르게 가는 구간에서는 짜릿한 스릴을 느낄 수 있지요. 이때 처음부터 끝까지 천천히 간다거나 빠르게만 간다면 재미는 반으로 줄어들 것입니다. 스피치도 마찬가지죠. 빠르게 당겨서 말하기도 하고 천천히 늘여서도 말하면 내 말에 '재미'가 생기기 시작합니다.

> 인생에서 좋은 날만 있을 수는 없습니다. 맑은 날도 있지만 흐린 날도 있기 마련이죠.
> (또박또박) (조금 빠르게)　　　　　　　(천천히)　　　　(더 천천히)
>
> 오르막이 있으면 내리막도 있는 게 우리가 사는 삶이 아닐까요?
> (빠르게)　　　　(천천히)　　　　　　　(더 천천히)

말에 생동감을 주기도 하고 감동을 주기도 하는 속도 강조법. 상대방을 끌어들이기 위한 스피치 줄다리기라고 생각하세요. 밀고 당기기, 당기고 밀기의 기술로 여러분의 스피치에 그린라이트가 팍팍 켜지길 응원합니다.

스피치
강조법
4총사

목소리로 연주하는 세레나데

그 여자는 모짜르트의 피아노곡 '작은 별 주제에 의한 변주곡'을 터키의 피아니스트 '파질 세이'의 연주로 즐겨 듣는다. '반짝반짝 작은 별'이라는 노래로 잘 알려진 곡이지만 모짜르트의 변주곡으로 듣고 있노라면 전혀 다른 음악이라는 느낌을 받는다. '따랑 따랑 따랑 따랑' 하고 울려 퍼지는 피아노 소리는 티없이 맑고 순수한 어린 아이 같기도 하고 독기를 품은 질투의 화신 같기도 하다. 다시 구슬픈 멜로디가 귀를 감싸고 어깨가 들썩거리는 흥겨움까지 느껴진다. 한 곡을 다 들으면 영화 한 편을 본 것처럼 여러 감정을 느낄 수 있다. 작곡가나 연주가의 영혼이 담겨 있어, 마치 그들이 곡을 연주할 때 느꼈을 법한 기분에 한껏 빠져든다.

그 여자는 모두가 잠든 늦은 밤, 음악을 들으며 다양한 감정을 느껴본다. 손가락이 안 보일 정도로 휘몰아치는 부분도 있고 왼손은 허공을 휘젓고 오른손만으로 건반을 살살 두드리는 부분도 있다. 그런 변화에 따라 마음이 격하게 요동칠 때도 있고 차분히 가라앉을 때도 있다. 그러면 고등학교 때 공부했던 곡의 배경과 느낌이 아니라 온전히 마음으로 느끼는 솔직한 이야기를 들을 수 있다. 스피치도 그렇지 않을까? 책에서 배운 논리적인 스피치도 좋지만 다양한 표현 기법으로 조금 더 재미있게 말한다면 상대방은 내 이야기에 더 귀를 기울이고 마음을 열지 모른다. 크레센도, 데크레센도, 레가토, 스타카토 등 피아노로 감정을 조절하는 것처럼 스피치도 강약을 조절하면 음악이 주는 감동 이상의 무언가를 전할 수 있지 않을까?

고등학교 때 그 여자의 별명은 '책 읽어주는 여자'였다. 한창 공부에 열을 올려야 할 시절에 이외수 작가의 책 '벽오금학도'에 빠져 매일 100쪽씩 읽고 학교에 와서 야간자율학습 시간에 졸음과 사투를 벌이는 친구들을 끌어 모아 책 이야기를 들려주었다. 읽어주는 것이 아니라 나름대로 각색하고 드라마틱한 요소를 넣고 양념을 더해 '맘대로' 풀어낸다. 덕분에 그 여자와 친구들 모두 성적이 바닥을 기던 적이 있었다. 하지만 그 친구들과 가끔 만나 그 시절 이야기를 하면 한결같이 '그 어떤 책이나 영화보다 그때 너한테 들었던 그 이야기가 정말 재미났지' 하고 말한다. 나름 그 여자는 친구의 잠을 깨워야겠다는 의지 하나로 목소리 변화를 세심하게 연출했고 다양한 스피치 기술을 터득하려 노력했다. 어떻게 말해야 이야기를 듣는 아이들이 집중하고 모이는지 깨달았던 것 같다.

그 여자는 피아노 악보처럼 연주 기법을 기호로 정해놓지는 않았지만 분명 스피치에도 '스피치 악보'처럼 더 효과적으로 말하는 기법이 있다고 생각한다. 그리고 그 기법은 상대방의 마음에 내 스피치를 더 오랫동안 남기고 감동을 주는 것이라 믿으며 녹음실로 향한다.

이지은_ 안녕하세요. 이지은입니다.

김은지_ 네, 대표님 어서 오세요. 오늘은 어떤 이야기를 들려주시나요?

이지은_ 여러분, 놀이동산에 자주 가세요?

김은지_ 전 정말 놀이동산 가는 것을 좋아하는데요, 요즘엔 시간이 없어서 자주 못 가고 있어요.

강우진_ 네, 저도 가는 건 좋아하는데, 놀이기구를 타는 건 자신 없어요. 무서워요.

이지은_ 그렇군요. 물론 놀이동산에 가서 스릴 넘치는 놀이기구를 타는 것도 좋지만, 그곳엔 볼거리도 많고 즐길거리, 그리고 먹을거리도 많아서 시간 가는 줄도 모르고 빠져드는 것 같아요. 남녀노소를 불문

하고 언제나 즐겁잖아요. 우리가 하는 스피치도 놀이동산처럼 즐거움이 넘치게 만드는 방법이 있습니다.

(((강조법 4총사를 활용한 그린라이트 스피치)))

'불후의 명곡'이나 '나는 가수다'와 같은 무대에서 베테랑 가수들이 노래 부르는 모습을 보고 있자면 감동의 도가니에 빠져 허우적거리게 된다. 옛 시절의 추억에 잠겨 마음이 울컥하기도 하고 눈물이 또르르 흐르기도 한다. 이렇게 감동을 주는 것은 가수의 외모나 높이 올라가는 고음이 아니라 감정이 고스란히 담겨 있는 목소리다. 가수들은 청중을 매료시키려고 목소리 크기를 다양하게 연출하며 마법을 부리기 시작한다. 반주가 시작되고 작은 목소리로 감정을 잡다가 이내 큰 목소리로 소리를 지른다. 그러다 갑자기 멈추고 목소리를 토해내듯 온몸을 사용해 다시 열창한다. 그러면 보는 관중이나 시청자의 몸에 소름이 돋는다. 상념에 가득 찬 목소리, 시련의 아픔에 빠진 목소리, 울부짖는 목소리, 가지 말라고 외치는 목소리, 사랑에 빠진 목소리 등 다양한 목소리를 연출하여 듣는 이의 가슴을 덜컹거리게 하는 마법을 부린다. 이런 다이내믹한 목소리는 가수뿐 아니라 일반인에게도 필요하다. 내 말을 듣고 상대방의 마음이 움찔움찔 움직이게 하는 마법, 내 목소리를 듣고 나를 더 좋아하게 만드는 마법, 목소리 강조법 4총사로 그린라이트 스피치 마법사가 되어 보자.

첫째, 갑자기 크게!

보통 목소리로 말하다가 배에 힘을 주고 크게 말하는 것이다.

　"안녕하세요. 이지은입니다. 오늘 CTS 라디오 방송국에 오는 길에 정말 오랜만에 고등학교 때 친구를 만났어요. 정말 기쁘고 반가웠는데요, 그 친구의 이름이 생각이 안 나는 거에요. 그래서 정말 어색하게 헤어졌습니다. 오랜 우정을 지키는 데는 '**기억력**'도 필요하다는 사실! 잊지 마세요."

　위의 이야기 중에서 가장 기억에 남는 단어가 무엇인가? 말하는 사람이 '기억력'을 크게 이야기했다는 것은 그 단어가 이야기하고자 하는 핵심 메시지이기 때문이다. 역시 그것을 듣는 사람도 그대로 느낀다. 그렇다면 다음 문장을 보고 크게 강조해야 할 부분을 표시하고 크게 말해보자.

> 세상에는 세 가지 중요한 '금'이 있다고 합니다. 어떤 '금'인지 알고 계시나요? 첫 번째 중요한 '금'은 황금입니다. 여유롭게 살며 경제적인 만족감을 줄 수 있는 '금'이죠. 두 번째 중요한 '금'은 소금입니다. 음식의 간을 맞춤으로써 먹는 즐거움을 느낄 수 있게 하는 소금, 아주 중요하겠죠? 마지막으로 가장 중요한 '금'은 지금입니다. 여러분의 '지금'은 어떤가요? 현재를 의미 있게 보내고 계십니까? 지금 이 순간을 열심히 살아갑시다.

둘째, 갑자기 작게!

보통 목소리로 이야기하다가 중요한 순간에 목소리를 조그맣게 줄여 보라. 뜻밖에도 집중도가 올라간다.

"여러분, 첫사랑을 떠올려봐요. 그와 함께 갔었던 곳, 그와 먹었던 음식, 그와 봤던 영화, 기억이 나시나요? 한 연구 결과에 따르면 시간이 흐름에 따라 오래된 기억은 희미해져 가는데요. 그중 가장 오랫동안 기억에 남는 것은 바로 그 사람의 목소리라고 합니다. 문득 생각난 그의 목소리. 목소리는 그렇게 오랫동안 마음에서 떠나지 않는다고 하네요."

여기에서 '목소리'를 이야기할 때 갑자기 작게 말하면 큰 소리로 강조할 때와는 다른 느낌으로 청중에게 감동을 줄 수 있다. 다음 이야기에서 강조해야 할 부분을 표시하고 작게 말해 보자.

> 잔잔한 호수 위를 우아하게 떠다니는 백조를 본 적 있으신가요? 물 위로 보이는 모습은 기품이 넘치지만 물 아래에서는 끊임없이 두 발을 움직여 가라앉지 않게 몸을 받쳐주고 있다고 합니다. 모든 일이 마찬가지입니다. 겉으로 드러나 칭찬받는 사람도 있지만 그 뒤에서 묵묵히 뒷받침하고 있는 '숨은 인재들'이 있습니다. 그들에게 항상 감사함을 느끼는 사람이 되었으면 좋겠습니다.

셋 째 , 똑 똑 똑 끊 어 서 !

또박또박 말하면 전달력이 높아진다. 부드럽게 말하다가 강조하고 싶은 단어를 또박또박 끊어서 말해보자. 귀에 쏙쏙 들어와 마음에 콕콕 박히는 효과가 있다. 얼마 전 샐러리맨들의 극찬 속에 막을 내린 드라마 '미생'을 기억하는가? 웃어도 짠하고, 울어도 짠하고, 하는 짓이 모두 짠~한 주인공 장그래의 '직장 생활 성장 스토리'다. 미생에는 주옥 같은 명대사가 많이 나온다.

"정답은 모르지만 해/답/을 아는 사람이 있더라고요. 장그래 씨처럼요."

'해답'이라는 단어를 또박또박 말하여 그 단어에 중요한 의미를 부여했다. 그럼 듣는 이들은 정답보다 해답이 중요하다는 의미를 더 강렬하게 느낀다. 다음의 글을 보고 중요하게 강조할 부분을 표시한 후 끊어서 읽어보자.

> 위험한 것에 과감히 뛰어드는 것만이 용기는 아니다. 뛰어들고 싶은 마음을 외면하고 묵묵히 나의 길을 가는 것도 용기다.

넷 째 , 길 게 늘 여 서 !

늘임 강조법은 여성의 DNA에 이미 들어 있는 강조법이다. 많은 여성들이 한 번쯤 해보았을 '으으응~' 강조법이다.

"우리 회사 지하에 있는 무한리필집 떡볶이는 정~~말 맛있어요."
이렇듯 '정말', '가장', '엄청', '길게', '너무' 등 부사나 형용사를 길게
늘여주면 효과적이다. 다음의 글을 보고 중요하게 강조할 부분을 표
시한 후 늘여서 읽어 보자.

> 살랑 살랑 시원한 바람이 불어 기분이 좋으니, 꼭 너와 함께 있다는 기분이 든다. 그
> 래, 좋은 건 죄다 너를 닮았구나.
>
> — 손씨의 지방시 중

　　강조법 4총사를 익혔다면 실제 상황을 시뮬레이션 해보자.

> 연인 사이인 두 남녀가 있다. 오늘 저녁 식사 메뉴에 대해 이야기를 나누고 있다. 남
> 자는 뜨끈뜨끈한 국밥을 추천하고 여자는 이탈리아 레스토랑에 가고 싶은 상황이
> 다. 강조법 4총사를 마구 활용해서 서로의 입장을 설득해보자. 액션!

　　강조법 4총사는 연인관계에서도 좋지만 면접을 볼 때에도 아주
효과적이다. 면접관에게 확실하게 자기 표현을 해야 할 때 세련되게
사용해보자.
　　"아직은 부족한 부분이 있지만 **열정**과 **끈기**로 모든 상황을 헤쳐

나가겠습니다. 제 별명이 _{달리는 경주마}인데요. 시~원하게 한번 달/려/
보겠습니다."

　열정과 끈기는 갑자기 크게!
　달리는 경주마는 갑자기 작게!
　시원하게는 길게 늘여서!
　달려는 똑똑똑 끊어서!

　강조법 4총사로 연인관계에서 그린라이트도 켜고 일상생활에서
는 스피치의 영향력을 높여보는 건 어떨까?

효과를 두 배로

강조법 4총사를 활용할 때 효과를 두~배로 올리는 방법은 '눈 연기'입니다. 강조를 할 때 그 내용과 느낌에 따라 눈도 같이 연출해주면 좋습니다.

'갑자기 크게!' 강조할 때는 눈도 갑자기 크게 번쩍 떠주고, '갑자기 작게!' 강조할 때는 눈도 가늘게 뜨며 힘을 주세요. 상대는 이런 눈 연기에 압도당해 당신의 표현력에 반해서 물개 박수를 칠 수도 있습니다. 또 '똑똑똑 끊어서!' 강조에는 고개를 한 번 끄덕여 주세요. 끊어서 강조하는 것과 고개의 움직임이 리듬을 타면 상대는 자기도 모르게 같이 주먹을 불끈 쥐며 중요한 부분이라고 느끼게 될 거예요. 마지막으로 '길게 늘여서!' 강조는 눈썹을 위아래로 움직이는 거예요. '위아래 위위 아래' 아이돌 가수의 노래처럼 급하게 움직이면 변태로 오해받으니 심하게 움직이기보다 부드럽게 한 번 정도만 해주면 좋습니다.

강조법 4총사를 더욱 재미있게 활용할 수 있는 눈 연기는 거울을 보면서 연습하거나 미리 준비된 스크립트를 읽으며 촬영을 해보세요. 내 얼굴이 어떻게 움직이는지 확인하면 조금 더 자연스럽게 강조법을 연출하실 수 있을 것입니다.

무미건조한 Dry 스피치가 아닌, 다이내믹한 Fun 스피치! 강조법 4총사로 연출해보세요.

면접
스피치

면접도 연애야

그 여자는 오랜만에 영화를 보러 극장에 갔다. 차가 밀릴 것을 계산하고 서둘렀더니 오히려 시간이 조금 남는다. 자투리 시간에 무엇을 할까 망설이던 여자의 눈에 오락실이 보인다. '위용 부웅 붕붕' 오락실 뽑기 기계가 요란하게 호객하는 소리를 들었는지 그 여자의 가방 속 500원짜리들이 아우성을 친다. 짤그랑 짤그랑.

그 여자의 눈길이 인형을 뽑는 기계 앞에서 멈춘다. 몇 달 안에는 절대 나오지 않을 것 같은 강아지 인형이 구석에 박혀 있다. 그 여자는 문득, 저 강아지 인형을 뽑고 싶어진다. 안타까운 마음으로 구석에서 인연을 기다리는 저 아이를 데리고 가면 좋겠다는 생각이 솟아난다.

레버를 오른쪽으로 10센티미터 움직이고 다시 뒤로 조심조심 밀어본다. 될 것 같기도 하고 안 될 것 같기도 하다. 숨까지 멈추며 버튼을 눌렀다. '삐리리릭' 하는 소리와 함께 삼발이 같은 집게가 움직이며 그 인형을 향해 나간다. 500원으로 시작했던 것이 커피값을 훌쩍 넘겨버렸다.

그 여자는 생각한다. 뽑히는 것도 애가 타지만 뽑는 것도 간절하다.

뽑기뿐이 아니다. 인생에서도 마찬가지다. 그 여자는 뽑혀본 적도 많았고 뽑은 적도 많았다. 물론 뽑히지 않았던 적도 제법 많았다. 뽑히는 사람만 힘든 것이 아니다. 뽑는 사람도 아주 많이 애가 탄다. 적어도 그 여자에게는 그렇다. 사람이 사람을 뽑는 것이 쉬운 일이랴. 뽑히는 사람의 열정에 두 사람의 미래가 달라진다. 뽑는 사람의 결정에 두 사람의 인생이 달라진다.

그 여자는 수많은 면접자 중에 한 사람을 떠올렸다. 두 번 면접을 본 사람이다. 첫 번째 면접에서 그 사람은 다양한 끼를 보여주고 화려한 이력도 소개했다. 회사에 꼭 들어오고 싶다는 의지도 어필했다. 그 여자는 그를 보며 2퍼센트가 부족하다는 느낌을 받았다. 한참을 망설이다 그를 돌려보냈다. 그리고 한참이 흐른 후에 아직도 그 여자의 회사에 들어오고 싶다는 그의 연락을 받았고 그 여자는 그를 바로 뽑았다. 그 여자는 몇 달 동안 겸손해진 그를 보았고 스스로를 갈고닦은 그에게 깊은 감사를 느꼈다. 면접도 연애다. 잘 맞는 사람이 있고 또 보고 싶은 사람이 있다. 믿음직한 사람이 있고 오랫동안 사귀었으면 하는 사람이 있다. 인간적으로 좋아야 일도 같이 한다.

그 여자는 함께 걸어가기로 마음 먹은 사람들이 부디 오랫동안 곁에 머물러주기를, 그리고 앞으로 오랜 시간 동안 함께할 사람들을 꼭 만나게 되기를 매일 매 순간 기도한다. 그런 마음으로 스튜디오 문을 연다.

이지은_청춘 스케치 청취자 여러분! 안녕하세요, 이지은입니다.

김은지_네, 그린라이트 스피치 벌써 열 번째 시간이네요. 시간 참 빠르다. 오늘은 어떤 이야기인가요?

이지은_초등학생에게 가장 두려운 존재는 누굴까요?

김은지_선생님 아닐까요?

이지은_요즘은 엄마래요. 엄마가 달달 볶아서. 그럼 군대 훈련병들에게 가장 두려운 존재는 누굴까요?

강우진_엇! 조교 맞죠? 조교요.

이지은_넵 정답! 그럼 취준생, 취업 준비생이 두려워하는 사람은 누구인지 아세요?

김은지_글쎄요.

이지은_면접관입니다. 필기 시험은 어떻게든 보겠는데, 면접은 소위 '운'인 것 같다고 많이 이야기하시더라고요. 두 분은 면접을 보신 적 있나요?

김은지_저는 사회 생활 하면서 정말 많은 면접을 본 것 같아요. 방송국 면접도 보고, '키즈 스피치 마루지' 강사 면접도 봤잖아요. 하하하.

이지은_그렇죠! 눈썹 길게 붙이고 오셨잖아요?

강우진_저는 가수 활동을 줄곧 해와서 제대로 된 면접은 못 본 것 같아요. 그런데 항상 생각해요. 제가 면접을 보면 어떨까? 어떻게 면접을 봐야 하나? 하고요.

이지은_그렇군요. 오늘은 면접관으로 하여금 나에게 호감을 느끼게 하는 스피치, 면접관과의 그린라이트 스피치에 대해 이야기해볼까 합니다.

(((당당하고 논리적인 면접스피치 BIG 3)))

대학생 200명을 대상으로 한 설문조사에서 '나를 가장 긴장시키는 요인은?'이라는 질문에 49퍼센트가 옆 지원자의 청산유수와도 같은 답변이라고 답했다. '면접에서 갖고 있어야 할 필수 능력은?'이라는 질문에는 53퍼센트가 어떤 질문에도 당황하지 않고 받아칠 수 있는 순발력이라고 답했다. 대부분은 스펙보다 면접 당일 자신 있게 말할 수 있는 한마디를 필요로 하고 있다는 것이다. 그래서 면접 전에 스피치 학원을 찾는 청춘이 많을 수밖에 없다. 그들의 가장 큰 특징은 면접을 잘 보아야 한다는 커다란 강박증 때문에 지나치게 긴장한다는 것이다. 그러다 보니 질문과는 상관없는 이야기를 욕심껏 하기도 하고 열정적인 모습을 과도하게 보여줘 오히려 매력을 떨어뜨리기도 한다. 면접을 지혜롭게 뚫고 바늘 구멍으로 진입하기 위한 면접 스피치 솔루션, '빅3'에 대해 이야기해볼까?

첫째, 핵심은 첫 마디에!

면접관이 "지원 동기가 무엇인가요?" 하고 물었을 때, "네, 저는 어렸을 적부터 부모님을 따라 이사를 많이 다녔습니다. 엄격하신 아버님과 자상하신 어머님 사이에서 어쩌구 저쩌구…" 본인의 인생 드라마를 첫 장부터 이야기하려 하면 면접관이 지쳐 쓰러진다. 면접생은 처음 하는 이야기라 하더라도 하루 종일 면접을 보고 있는 면접관은 100번째 이런 이야기를 듣고 있는 사람들이기 때문이다. 이럴 때에는 첫 마디에 핵심이 나오면 좋다. 예를 들어 "긍정의 아이콘 이지은 입니다. 밝은 에너지로 OO 회사의 분위기를 업그레이드하고 싶습니다", 혹은 "올해의 한자성어가 '정본청원'(正本淸源)인데요. 이처럼 근본을 바로 하고 근원을 맑게 하여 기본에 충실한 인재가 되고 싶습니다"라고 인상적이게 시작하는 것이 좋다. 센스 있는 첫 마디로 이력서에 코 박고 정수리만 보이고 있는 면접관을 사로잡아 보자.

둘째, 창의적인 아이디어로 승부하라!

뻔하디 뻔한 자기소개서를 보고 실망한 면접관의 시선을 사로잡는 방법은 독특하고 재미있는 대답을 하는 것이다. 요즘에는 창의적인 아이디어가 있는 면접생을 가려내기 위해 파격적인 질문을 많이 한다고 한다.

- 두산: 시각장애인에게 노란색을 어떻게 설명할 것인가요?

- 현대 차 그룹: 올해 여름에 집중호우로 광화문 광장이 물에 잠겼었습니다. 당신
  이 시장이라면 어떤 방법으로 내년 집중호우에 대비할 것입니까?

- 구글: 이 방에 농구공을 채운다면 몇 개나 들어갈까요?

- SK그룹: 지금 면접관들에게 앞에 있는 생수를 팔아보시오.

- 포스코: 맨홀 뚜껑이 원형인 이유는 무엇인가요?

- LG상사: 어느 날 지구가 멸망 위기에 처해 우주선을 타고 대피해야 하는 상황에
  직면했습니다. 우주 비행선은 2인용입니다. 당신 가족(남편, 아내, 아들,
  딸)중 누구를 태우고 대피할 것입니까?

위와 같은 질문을 받았을 때 정신 줄을 놓지 않고 끝까지 대답하려
면 평소에 다양한 각도에서 사회적 현상을 바라보고 아이디어를 찾는
노력을 해야 한다. 그럼 낮은 레벨부터 실전 연습에 들어가보자.

1단계: 런닝맨에 게스트로 출연하게 되었습니다. 누구를 먼저 아웃시킬 것인가요?

2단계: 기온이 48도까지 올라가는 두바이에서 전기장판을 팔아야 합니다. 어떤 방
  법으로 팔 수 있을까요?

3단계: 당신의 몸은 연필 크기로 줄어들었고, 믹서기에 갇혀버렸습니다. 어떻게 빠
  져 나오겠습니까?(골드만삭스)

물론 정답은 없다. 어떻게 이야기하든 여러분만의 독창적인 이야기를 만들어내야 한다. 이때 유의해야 할 점은 면접관이 이 문제를 왜 냈는가를 빨리 파악하는 것이다. 기업은 응시자들이 취업을 위해 면접 준비를 철저히 한다는 것을 알고 있기 때문에 일반적인 질문으로는 실력 차이나 인성을 가려내기 어렵다는 것도 알고 있다. 그렇기 때문에 구직자가 어떤 마인드와 발상으로 그 질문에 접근하는지를 판단하고자 이런 문제를 내는 것이다. 이런 문제를 해결하기 위한 세 가지 기준은 다음과 같다.

❶ **논리적으로 대답하라:** 창의력의 핵심은 논리다. 지나치게 허무맹랑한 이야기를 늘어 놓기 시작하면 배가 점점 산으로 갈 것이다. 말도 안 되는 질문일지라도 논리적으로 접근하여 조목조목 풀어간다면 면접관의 눈에 당신은 매력적인 사람으로 보일 것이다.

❷ **현실적으로 대답하라:** 현실 가능성이 없는 아름다운 결론이나 지나치게 원칙을 고수하는 대답은 뻔한 결론에 이를 수밖에 없다. 기업의 현실성은 '사업 성과'다. 이야기를 과도하게 미화하거나 현실성이 없는 결론은 면접관이 바라는 대답이 아닐 것이다. 대신 지원한 부서의 특성에 맞는 성과와 말하고자 하는 결론을 연결하면 면접관이 고개를 끄덕끄덕하며 수긍하지 않을까?

❸ 당황하지 말자: 옆의 응시자가 기가 막힌 대답을 했다고 치자. 다음 차례에 그 어떤 이야기를 해도 백 퍼센트 떨어질 것 같은 생각이 든다. 그렇다고 당황하지 말자. 정답은 하나만 있는 것이 아니니까 말이다. 비슷한 내용이 아닌, 새로운 접근으로 내용을 빨리 전환하는 센스를 발휘해 보자. 당신의 위기탈출 능력을 믿으며 '당황하지 않고 빡! 끝'.

셋째, 스펙을 이기는 스토리로 승부하라

가장 자신 있는 스펙은 무엇인가? 사람마다 다르겠지만 기준이 어디냐에 따라 어떤 스펙은 남보다 못할 수 있다. 그렇다고 졸업한 학교를 순식간에 바꿀 수도, 갑자기 원하는 대학에 갈 수도 없는 일이다. 또 없는 인턴 생활을 억지로 꾸며내지도 못한다. 내로라하는 스펙이 없어서 주저앉고 싶은 당신을 위한 특급 솔루션! 그 모든 스펙을 이길 수 있는 무기, 당신만의 스토리를 추천한다.

예를 들어 OO백화점 면접시험에서 면접관이 지원동기를 물어봤다고 해보자. A라는 지원자는 말한다.

"네, 저는 OO백화점에 들어오기 위해 적합한 노력을 해왔습니다. 마케팅 서적을 찾아보고 소비자의 동향을 나름대로 연구했습니다. 또한 외국 고객사와 원활히 업무하려고 토익 점수도 높게 올려놓았습니다. 제가 합격한다면 어느 부서에 가든지 열심히 하겠습니다."

또 B라는 지원자는 이렇게 말한다.

"네, 제 취미 중 하나가 OO백화점에 가서 쇼핑하는 것입니다. 그런데 얼마 전 3층 매장에서 쇼핑하던 중 쇼핑백을 들고 다니는 한 중국인 관광객이 하는 이야기를 들었습니다. 다른 모 백화점에서는 중간에 쇼핑백을 보관해주고 주차장까지 운반해주는 서비스가 있는데 여긴 없어서 불편하다는 내용이었죠. 그래서 저는 OO백화점의 배달 서비스가 한시적으로 운영되고 있다는 사실을 그들에게 알려주었고 담당 직원 분께 연결해주었습니다. 제가 OO백화점에 취업한다면 있어도 잘 활용하지 못하는 서비스 제도를 홍보하고 소비자 동선을 파악해서 고객의 불편을 최소화하도록 하겠습니다."

당신이 면접관이라면 어떤 사람을 뽑고 싶은가? 지원자 A는 본인의 스펙과 각오를 이야기한 반면, B는 본인의 에피소드와 지원 동기를 연결했다. 또 회사가 생각하고 있는 문제점을 파악하고 해결 방안까지 내놓았다. 이렇게 고마운 지원자라면 두 손 들어 반기지 않을까?

그런데 많은 면접생 여러분이 '내 인생에는 스토리가 없다'며 어려움을 토로한다. 하지만 어떻게 만들어야 하는지 모를 뿐이지 누구에게나 스토리는 있다. 스토리를 만드는 방법은 평소에 끊임없이 인생을 관찰하고 이야기를 만들어가는 방법밖에 없다. 단, 염두에 두어야 할 것은 모든 스토리에는 다음의 3P가 있어야 한다는 것이다.

첫 번째 P: Purpose. 이야기에 목적이 있어야 한다.

두 번째 P: Problem. 어려운 문제가 닥쳐야 한다.

세 번째 P: Positive. 긍정적인 해결책이나 긍정적인 교훈을 얻어야 한다.

이 세 가지를 염두에 두고 매일 스토리를 만드는 연습을 해보자.

제가 얼마 전, 스피치학원 마루지에서 한 고등학생에게 전교 회장선거에 대비한 스피치 코칭을 해주었는데요, 사실 그 친구는 당선 가능성이 0퍼센트였습니다. 멀리에서 전학을 왔고, 쑥스러움도 많은 친구였죠. 게다가 키도 작고 왜소한 체구를 가졌어요. 한마디로 존재감이 없는 친구였습니다. 수업을 하며 '이 친구가 과연 될까?' 하고 저조차 의심했습니다. 그런데 그 친구가 정말 열심히 연습하더니, 결국 엄청난 퍼포먼스를 보여주면서 전교 회장에 당선되었습니다. 저는 오늘 그 소식을 듣고 오면서 어린 친구에게 인생의 반전을 배웠습니다. 0퍼센트에서 100퍼센트로 바꾸는 인생역전, 우리도 아직 포기하기에는 이르지 않을까요?'

목적을 갖고 이야기하고, 어려운 문젯거리를 통해 긍정적인 무언가를 얻었다는 내용으로 매일의 일과를 정리해보자. 그리고 그 스토리에 지원동기를 연결하고, 입사 후 계획이나 가장 자신 있는 업무분야도 연결해서 만들어보자. 매일매일 만든 여러분의 스토리를 면접에서 적극적으로 활용하자. 이렇게 만든 스토리에는 스펙보다 무서운 '감동'이 들어 있다. 꼬장꼬장하고 성질도 더러울 것 같은 면접관의 마음을 당신의 스토리로 마구마구 흔들어버리자.

마지막으로 잊지 말아야 할 것이 있다. 면접은 소개팅이란 것이다. 회사를 대표하는 면접관과 나의 소개팅이라고 할 수 있다. 소개팅에 나갔는데 자기 자랑만 늘어놓는 사람, 소심쟁이, 매너 없는 사람, 엄마나 찾는 사람을 만나면 없는 정도 떨어지지 않을까? 면접도 그렇다. 솔직하더라도 긍정적인 마인드가 있어야 하고 주위를 배려하면서도 추진력이 있어야 한다. 역경이 있었다면 그것을 딛고 일어난 성공 경험도 필요하다. 호감 가는 사람이 되는 것, 매력적인 사람이 되는 것. 회사와 멋진 데이트를 꿈꾸는 사람에게 기회는 찾아올 것이다.

호감가는 이미지로 면접관을 사로잡자

면접을 볼 때는 아주 짧은 시간에 내 긍정적인 부분을 한껏 보여줘야 합니다. 하지만 많은 지원자와 함께 있기 때문에 나에게 주어진 시간은 짧기만 하죠. 더구나 스펙이 조금 부족한 상황이라면 면접관의 따뜻한 시선이나 다정한 한마디를 기대하긴 어렵죠. 이런 상황에서 나를 돋보이게 만들어주는 것이 면접 이미지입니다. 들어서는 순간 왠지 깔끔하고 호감 가는 인상이라면 면접관의 시선을 한 번 더 받을 수 있겠지요. 호감가는 이미지를 만들려면 의상, 표정, 자세에 신경 쓰세요.

의상_내 피부 톤에 맞는 의상을 고르면 좋습니다. 물론 남성은 면접복장이 수트로 통일되어 있습니다. 진한 남색 계열의 수트에 브라운 계열의 구두를 신으면 가장 깔끔해 보입니다. 설마 흰 양말은 안 신으시겠죠? 넥타이는 폭이 좁은 것으로 단색이나 스트라이프 패턴이 가장 무난합니다. 큐빅이 박혀 있는 화려한 것만 고집하는 취향은 버립니다. 여성은 스커트에 블라우스가 가장 기본적인 복장입니다. 겨울이라면 원피스에 자켓이나 깔끔한 투피스를 입으면 좋습니다. 속이 훤히 비치는 시스루 블라우스나 초미니 스커트는 피합니다. 아무리 추운 날씨라 하더라도 두꺼운 학생용 타이즈나 레깅스는 성의 없어 보입니다. 화장기 없는 얼굴이나 반대로 뮤지컬에서 튀어나온 듯한 진한 화장은 거부감을 줄 수 있답니다. 자연스럽게 얼굴의 단점을 보완한 화장으로 좋은 인상을 만들어보세요.

표정_웃는 얼굴에 침 못 뱉는다는 속담이 있습니다. 물론 진짜 싫은 사람이면 뱉을 수 있겠지만 처음 본 사람에게 웃음은 가장 좋은 첫 인사입니다. 입은 웃는데 눈은 안 웃는 어색한 웃음은 '나 떨고 있니?' 하는 느낌을 줄 뿐입니다. 입 꼬리에 힘을 주어 위로 끌어올리세요. 눈도 또렷하지만 부드럽게 웃고요. 면접관과 눈이 마주치는 게 어색하고 부끄럽다고 시선을 피하지 마세요. 자신 없는 사람처럼 보입니다.

자세_당당한 걸음걸이와 곧은 자세는 '뭔가 믿는 구석이 있나?' 하는 인상을 줍니다. 바른 자세로 인사한다면 '잘 배웠네, 인성이 된 친구군' 하며 호감을 보일 것입니다. 걸음걸이 연습은 바닥에 직선으로 테이프를 붙이고 그 선에서 벗어나지 않게 I자 혹은 II자로 걷는 연습을 하면 좋습니다. 팔자걸음은 품위가 없어 보이고 발끝을 안으로 휘어지게 걷는 사람은 소심해 보입니다. 앉은 자세는 엉덩이를 의자 뒤까지 깊게 붙이고 허리를 바로 세우도록 합니다. 남성은 발을 II자로 살짝 벌리고 양 무릎에 살짝 주먹쥔 손을 올립니다. 여성은 다리를 II자로 가지런히 하여 오른쪽이나 왼쪽으로 비스듬히 눕혀 앉습니다. 양손은 허벅지 사이를 살짝 눌러 치마 속이 보이지 않도록 하면 좋습니다.

별것 아닌 것 같은 면접 이미지, 하지만 면접관의 눈에는 모든 것이 신경 쓰이고 거슬린답니다. 하나를 보면 열을 안다는 옛말이 하나도 그르지 않다는 사실. 잊지 마세요.

칭찬
스피치

칭찬은 카라멜 마끼아또처럼

그 여자는 마음이 급하다. 오전 강의를 끝내고 녹음실로 가는 길이 유난히 밀린다. 모든 일은 타이밍이 중요한 것. 막 사무실을 나오려는 단발머리 여자의 5분을 묶어둔 일이 없었더라면 아마 지금쯤 도착했으리라. 그 여자는 제 시간에 녹음실로 들어가는 상상을 하며 마음을 다독인다. 급하게 도착해 녹음실로 올라가는 엘리베이터에서 낯익은 얼굴을 만난다. 단발머리 여자 다음에 녹음하는 노 기자님이다. 인사도 타이밍이 중요하다. 엘리베이터 앞에서 서로 '그 사람일 것이다'라고 생각한 것 같은데 인사할 타이밍을 놓쳤고 말없이 8층까지 올라왔다. 스튜디오 앞에 와서야 확신이 든 목소리로 노 기자님이 먼저 인사를 건넨다.

"워낙 젊어 보여서, 대표님이 아닌 줄 알았어요."

언젠가부터 나이가 중요하지 않다고 세월을 초월한 듯 말해왔지만 그 말을 듣고 나니 평소에도 계속 어려 보이고 싶다는 생각이 겨울 바람처럼 불어왔다. 녹음 시간에 늦을까 봐 쪼그라들었던 마음이 기분 좋은 말 한마디에 캬라멜 마끼아또 같아졌다. '달달해….' 역시, 칭찬도 타이밍이 중요하다.

그 여자는 칭찬에 우쭐대는 자신을 보며 그 여자의 강아지를 떠올린다. 애완견 배변 훈련 때문에 몇 달 동안 머리가 지끈거리던 적이 있었다. 강아지용 배변패드를 온 집안을 도배하다시피 깔아 놓아도 그 여자를 놀리기라도 하는 듯 패드를 피해 거실 바닥에 볼일을 보고는 순진한 표정을 짓는 강아지를 보며, 푸들이 아이큐가 높다고 한 사람의 머리끄덩이를 잡아당기고 싶었다. 그 여자는 강아지를 훈계하며 엄한 목소리로 "여기는 안 돼! 패드에다 하는 거야! 말 안 들으면 간식은 없을 줄 알아!" 하며 으름장을 놓았다. 그러나 그때만 잠시 풀이 죽은 모습으로 납작 엎드려 있던 강아지는 다음날 또 같은 실수를 반복했다. 그 여자는 강아지 키우기 사이트를 들락날락하며 배변 훈련에 관한 중요한 사실을 알았다. 역시 '칭찬'이었다. 실수한 것에 집중하게 하지 말고 잘한 것을 칭찬하는 것. 그것이 열쇠였다. 그 후 그 여자는 강아지가 어쩌다 패드 위에 볼일을 볼 때, 그 타이밍을 놓치지 않고 호들갑스럽게 칭찬하고 맛있는 간식도 주었다. 타이밍이 딱 맞아 떨어진 칭찬은 성공적인 배변 훈련으로 마무리됐고 강아지를, 그리고 그 여자를 춤추게 했다.

그 여자는 스튜디오로 들어가며 녹음실 사람들에게 어떤 칭찬을 할까 생각한다.

이지은_안녕하세요? 이지은 입니다. 일주일 동안 잘 지내셨나요?

김은지_네, 대표님. 오늘도 즐거운 이야기 기대하고 있습니다.

이지은_네, 은지 씨가 그렇게 이야기해주니 더욱 힘이 납니다. 은지 씨는 상대방을 기분 좋게 하는 말을 잘해주시는 것 같아요. 그래서 자꾸 은지 씨에게 말을 걸고 싶어져요.

김은지_하하, 감사합니다.

이지은_우진 씨, 오늘 표정이 아주 좋아 보이는데요? 지난 주보다 한결 여유로워지셨어요. 오늘 녹음이 잘 되었나 보네요?

강우진_그런가요? 오늘 재미있게 하긴 했어요. 그런데 대표님이 왜 이렇게 좋은 말씀을 해주시죠?

김은지_그러게요. 오늘 주제와 연관이 있는 것 같아요!

이지은_네 맞습니다. 눈치 빠르시네요. 오늘은 상대방의 마음을 살살 녹이는 칭찬 기법에 대해 이야기하려고 합니다. 두 분은 최근에 들었던 칭찬 중에 기억에 남는 말이 있나요?

김은지_청춘스케치 청취자 여러분이 방송을 듣고 재미있다고 하시는 칭찬이요.

이지은_아, 그렇군요. 그 칭찬을 했던 사람은 지금까지 기억하고 있지 않을 수도 있어요. 그런데 그 이야기를 들었던 사람에게는 잊지 못하는 칭찬이 될 수 있습니다. 칭찬은 바로 그런 거예요. 약간의 호의가 커다란 눈덩이처럼 부풀지요. 그러고는 누군가에게 그 눈덩이가 솜사탕이 되어 마음을 촉촉하게 만들어줍니다. 이런 칭찬은 연인 사이에서도 필요하지만 가족끼리나 직장에서도 꼭 필요한 대화법입니다. 내 인생의 그린라이트를 켜는 칭찬 기술, 지금 시작합니다.

(((칭찬스피치의 기술)))

필자에게는 위로 두 살 차이가 나는 친언니가 있다. 전교 1,2 등을 놓치지 않던 언니 때문에 초등학교 6년 내내 '누구누구의 동생'으로 불리며 살았다. 새벽까지 공부를 하며 이를 갈던 언니만큼 미친 듯이 공부할 자신이 없던 나는 '난 공부 체질이 아닌가 봐', '나도 언니처럼 제대로 하면 당연히 1등 하지. 근데, 지금은 좀 피곤해' 하며 핑곗거리만 찾던 적도 있었다. 어머니는 매서운 손으로 필자의 등을 찰싹 때리며 "너도 해봐봐, 좀!" 하고 잔소리를 하기도 하고 "1등하면 네가 좋아하는 인형 사줄게" 하며 선물 공세도 폈다. 그러나 저러나 필자는 공부에 별다른 흥미를 느끼지 못한 상태로 초등학교 고학년이 되어버렸다. 그러던 5학년 1학기 시험 기간에 웬일인지 으레 들려야 할 어머니의 잔소리가 없어졌고 고요한 시험 기간을 보냈다. '드디어 나를 포기하셨구나' 하는 안도감과 서운함이 동시에 밀려왔다. '이대로 있다가는 진짜 부모님의 눈 밖에 나겠구나' 하는 조바심이 들어서 '안 되겠다. 어떻게 되든 공부 좀 해보자'라고 다짐했다. 그 후에 다행히 성적이 조금 올랐다. 의기양양하게 성적표를 어머니 코앞에 들이 밀었더니 다듬던 콩나물을 집어던지며 필자를 꼭 끌어안아주셨다. 그러고는 "그래 그래. 엄만 네가 이렇게 잘할 줄 알았어. 정말 자랑스럽다. 어이구 예쁜 내 새끼! 이래 하느라 얼마나 고생했누" 하고 엉덩이를 토닥토닥 해주셨다. 조금 과한 칭찬에 우쭐한 기분이 들었고, 그럼 공부 좀 제대로 해볼까? 하는 생각도 들었다. 며칠 후 필자에게 결정적인 한 방이 찾아왔다. 어머니가 동네 아주머니에게 내 자랑을 늘어놓는 소리를 들었다. "아이고, 내가 쟤 때문에 얼마나 기분이 좋은지 모르겠다. 세상에 공부를 이리 쪼금 했는데, 성적이 이만큼 올라갔댄다. 아마 쟤는 내 머리를 닮았나베." 내 성적에는 관심도 없는 앞집 아주머니를 붙잡고 늘어져라 칭찬을 하는 엄마의 모습을 보며 뿌듯함과 동시에 감동을 느꼈고 그 후로 누가 시키지 않아도 공부를 했다. 곧 언니처럼 우등생 소리도 들었다. 필자를 그렇게 만든 건 바로 어머니의 고단수 칭찬이었다. 못하는 것에 집중하지 않고 잘하는 것을 칭찬하는 것, 스스로 동기 부여를 할 수 있도록 만드는 칭찬의 기술. 바로 이것이 인간관계를 풍요롭게 만드는 것이 아닐까? 그런데 막상 누군가를 칭찬하려고 하면 도대체 무엇을 칭찬해야 할지, 어떻게 칭찬해야 할지, 언제 칭찬해야 할지 막막하기만 하다. 입을 떼는 것도 낯간지럽게 느껴진다. 우리 삶에 그린라이트를 켜는 칭찬의 세 가지 기술을 알아보자.

첫째, 칭찬거리 찾기

길 하나를 사이에 두고 있는 두 선물 가게가 있다. 비슷한 상품을 팔고, 가격도 비슷하다. 그런데 윗집은 하루 종일 손님이 끊이지 않았고 아랫집은 파리만 날렸다. 아랫집 상점 주인은 부럽기도 하고 화가 나기도 해서 속만 끓이고 있다가 도대체 어떻게 된 영문인지 직접 윗집 상점을 찾아가 보기로 했다. 손님인 척 문을 열고 들어가서 재빠르게 살펴보니 물건 종류나 상품의 진열 상태, 가격이 모두 비슷한 것이다. '흥, 별거 없네'하며 돌아서는 순간 어느새 윗집 상점 주인이 바짝 다가와 말을 걸었다. "어서 오세요, 손님. 밖에 날씨가 참 춥죠? 제가 추운 날씨를 싫어해서 난방을 좀 세게 했는데, 괜찮으세요? 손님 코트가 정말 따듯해 보이네요. 목도리도 그렇고요. 어쩌면, 정말 잘 어울리신다. 참, 어떤 것 보러 오셨어요?" 아랫집 상점 주인은 그때 깨달았다. '고객은 더 좋은 물건을 찾아 오는 게 아니라 더 나은 대접을 받고 싶어서 오는 것이구나.' 비결은 돈 안 들이고 다른 사람을 기분 좋게 하는 말, 바로 칭찬이었던 것이다.

많은 연인들이 서로 사랑에 빠졌을 때는 머리부터 발끝까지 칭찬할 거리들로 넘쳐 난다. 부드러운 그의 머리카락도 매력적이고 통통한 뱃살도 귀여워 보인다. 흔들흔들 하는 걸음걸이까지 왠지 세련되고 매력적으로 느껴진다. 그러나 권태기가 찾아오면 모든 것이 싫어진다. '매가리 없는 머리카락이 싫어', '볼록 나온 뱃살 봐라. 살 좀 빼지', '촌스러운 걸음걸이 좀 고쳤으면 좋겠다' 하나부터 열까지 다 싫다. 내가 이 사람을 정말 사랑했었을까? 이런 사람과 사귀는 걸 보니 내가 드디어 미쳤구나! 하는 생각이 하루에도 열두 번씩 들고 일어선다. 이럴 땐 할 수 없다. 정신 줄을 살짝 놓고 자신에게 주문을 걸어야 한다. '멋지다. 예쁘다.' 그러고는 최선을 다해 새롭게 칭찬할 거리를 찾아야 한다. '네 번째 손가락이 좀 괜찮은 것 같아. 글씨를 잘 쓰네? 휴대전화 자판 누르는 속도가 진짜 빨라. 어금니가 예쁜 것 같아.' 마른 오징어도 쥐어짜면 물이 나오기도 하는 법. 이렇게 새로운 칭찬거리를 찾다 보면 권태기가 사라질 수 있지 않을까?

　연인이 아닌, 직장 동료나 가족처럼 일상 생활에서 만나는 사람들에게 칭찬을 하려면 조금 더 체계적인 방법이 필요하다. 칭찬거리를 찾을 때는 외모, 능력, 성품으로 나누어 생각하면 도움이 된다.

외모	오늘따라 얼굴이 좋아 보여요. 피부가 좋아졌나?
	오랫만에 봐서 그런가? 어려진것 같은데요?
	오늘 분위기 진짜 좋은데요? 넥타이도 잘 어울리고요.
능력	김대리님이 없었으면 큰일 날 뻔 했어요. 진짜 능력자!
	바쁘실텐데 이렇게 빨리 처리해주셔서 정말 감사해요.
	저보다 훨씬 낫네요. 진짜 감사해요.
성품	더 힘드실 텐데 배려해주셔서 감사해요.
	끊임없이 노력하시는 모습이 참 든든합니다.
	우리 팀의 분위기 메이커예요! 어디 가면 안 돼요!

고등학교 시절 우리 반을 가르치던 노처녀 작문 선생님의 비밀 병기는 '오버액션'이었다. 따분하고 지루한 작문 시간에 조는 아이들을 깨우는 방법으로는 제격이었다. 조금만 잘해도 "오, 괜찮은데. 브라보! 짝짝짝. 와우, 정말 대단해!"하며 양 손을 한껏 높이 치켜들고 하늘을 향해 만세를 불렀다. 박수를 칠 때도 온 몸이 휘청거릴 정도로 풀 스윙을 가동한 박수 세러머니를 보냈다. 또 격하게 칭찬을 하고자 할 땐 발을 동동 구르며 1분단과 2분단 책상 사이를 뛰어다니며 응원단장처럼 박수를 유도하기도 했다. 그걸 보는 우리는 키득키득거리기도 하고 선생님 흉내를 내며 같이 웃기도 했다. 선생님의 노력 덕분에 작문 시간이 즐거웠었고 조금만 잘해도 어깨가 으쓱해졌다. 칭찬 제스처에 용기를 얻은 것이다.

칭찬할 때 상대에게 칭찬 메시지를 더 공고히 전하는 방법이 바로 제스처를 활용하는 것이다. '이 모든 칭찬이 모두 진심이야' 하는 감정을 온몸으로 표현하면 된다. 효과적인 칭찬 제스처는 얼굴 표정과 손짓으로 나누어볼 수 있다.

너 정말 잘하는걸?　　어쩜! 이렇게 멋져?　　오~ 대박!　　너무 예뻐서 질투나!

네가 최고야   물개가 되어도 좋아   너의 배려에 감동했음   우린 좋은 한 팀이야

셋째, 칭찬의 말 하기

얼마 전 EBS에서 방영한 프로그램에서 이런 내용이 나왔다. 아이들의 기억력을 테스트하는 실험을 했는데 아이들에게 3분 정도의 시간을 주고 단어를 외우게 한 다음 칠판에 생각나는 단어를 적는 것이었다. 이때 아이들을 두 그룹으로 나누었다. 그리고 한 그룹의 아이들에게는 "너 정말 똑똑하다. 어쩜 이렇게 잘 외우니? 머리가 좋은가 보구나" 하는 칭찬을 하였고 다른 그룹의 아이들에게는 아무런 말도 하지 않았다. 그 결과 칭찬을 받은 그룹의 아이들이 테스트를 할 때 부정행위를 더 많이 하는 것으로 나타났다. 칭찬을 받을 때는 좋았지만 그 칭찬을 해준 사람들에게 실망을 줄까 봐 불안했던 것이다.

칭찬이라고 다 좋은 건 아니다. 위의 실험처럼 덮어놓고 칭찬을 하면 사람들은 그 칭찬에 어울리는 사람이 아니라는 생각 때문에 자신의 본래 모습을 숨기려 하기도 하고 칭찬을 곧이곧대로 믿지 않으려고도 한다. 그렇다면 좋은 칭찬은 어떤 것일까?

객관적인 칭찬을 하라

"와, 오늘 예뻐 보이는데? 김태희 같아", "어쩜 이렇게 말을 잘하세요, 아나운서 출신이예요?"라는 칭찬은 누가 봐도 객관적이지 않다. 이런 영혼 없는 칭찬을 하면 듣는 사람은 '김태희는 무슨…', '아나운서? 웬 아나운서 타령이야? 입에 침이나 바르지' 하고 부정적인 생각을 한다. 현실과 동떨어진 칭찬이 아니라 객관적인 칭찬으로 바꿔보자. "오늘 예뻐 보이는데? 머리 스타일이 바뀌어서 그런가?", "어쩜 이렇게 말을 잘하세요? 전 말주변이 없어서 부럽네요" 등의 말이 훨씬 자연스럽고 진실성 있게 들린다.

구체적으로 칭찬하라

"자기는 정말 최고야", "이 대리님은 진짜 대단하셔.", "김 주임, 멋져요" 같은 칭찬은 들었을 때 기분이 잠시 좋지만 깊은 감동은 없다. 칭찬을 위한 칭찬이기 때문이다. 무엇이 최고인지, 어떤 부분이 대단한지 관찰하지 않고 그저 입에 발린 칭찬을 하는 것으로 들릴 수 있다. 조금 더 구체적인 부분을 칭찬해보자. "자기는 숨은 맛집 찾아내는 데는 진짜 최고야", "이 대리님은 프레젠테이션을 진짜 세련되게 잘 만드시는 것 같아", "김 주임, 이번 아이디어가 우리 프로젝트

에 정말 잘 맞는 것 같아. 멋져요" 정성스러운 칭찬이 빛난다는 것을
기억하자.

과정을 칭찬하라

"100점을 맞았다니 똑똑하구나" 하고 칭찬을 받았다면 기분은 좋
았지만 마음 한 구석에는 찜찜한 생각이 들 것이다. '다음에 100점이
안 나오면 어쩌나' 하는 불안한 마음이 든다. "이번 과제 결과물이 아
주 좋았어요", "자네 머리가 좋군", "자기는 항상 착해" 같은 칭찬 대
신 "이번 과제가 어려웠는데, 열심히 했군요. 아주 좋아요", "자네가
참 많이 애썼군. 아주 좋은걸", "자기도 힘들 텐데, 배려해줘서 고마
워" 하고 과정에 집중해보자. 존재감을 느끼게 하는 칭찬 덕분에 두
사람의 관계도 긍정적으로 발전할 것이다.

앞에서 말한 칭찬의 기술 세 가지 '칭찬거리 찾기', '칭찬 제스처
활용', '칭찬의 말하기'를 활용해서 세련되고 효과적인 칭찬을 할 때도
주의점이 있다.

주의1. 일관성 유지하기 앞에서는 칭찬을 늘어지게 하고 뒤돌아 서서 험담을 한다면 신뢰가 깨지는 것을 넘어 적으로 만들 수 있다. 앞뒤가 똑같은 전화번호처럼 앞에서도 칭찬, 뒤에서도 칭찬!

주의2. 같은 칭찬 반복 금지 '자기는 정말 배려심이 많아 X 100회 = 그만 좀 할래?' 라는 공식이 나온다. 좋은 말도 한두 번이면 족하다. 기계적으로 반복하면 감동지수가 뚝뚝 떨어진다.

주의3. 칭찬 재활용 금지 모든 친구들에게 똑같은 말로 칭찬하느니 차라리 안 하는 게 낫다. 그런 칭찬이 반복되면 "쟤 또 시작이다" 하고 주위의 모든 사람들이 귀를 막는다.

그럼 칭찬을 조금 더 효과적으로 할 수 있는 비법 3가지를 알아보자.

비법1. 다른 사람을 통해 칭찬하면 효과가 2배 "참! 어제 과장님이 자기 엄청 칭찬하시더라. 흥 질투 나" 하는 동료의 말에 "에이 설마"라고 대답은 하지만 내심 마음이 뿌듯하고 기분이 최고다. 다른 사람을 통해 칭찬을 듣는다는 것은 전하는 사람도 그 칭찬을 인정한다는 뜻이니까.

비법2. 개인적인 터치로 칭찬하면 효과가 2배 "지난 번에도 신경 많이 써 주시더니, 어제도 참 감사했어요. 오늘이 생일이시죠? 오늘 일은 제가 할 테니 먼저 들어가세요." 개인사를 미리 알고 칭찬에 버무려주면 아주 특별한 칭찬으로 느껴진다. 어쩌면 상대방에게 평생 잊지 못할 칭찬이 될 수도 있다.

비법3. 예상치 못하게 칭찬하면 효과가 2배 남자가 감기에 걸렸다. 여자와 만나기로 했지만 몸이 안 좋아 메시지를 남긴다. '자기야. 나 몸이 아파서 먼저 집에 들어갈게.' 이렇게 문자를 넣어 놓고 집으로 들어가는 길에 여자의 집 대문 앞에 편지를 놓고 간다. '빨리 나아서 우리 다음 주말에 꼭 데이트하자! 얼굴 못 보고 가서 미안해! 참, 그리고 오빠 빨리 나으라고 걱정해줘서 정말 고마워!'라고 적혀 있다면 어떤 기분일까? 예상치 못한 칭찬 편지가 있다면 사랑이 마구 샘솟지 않을까?

사람은 남을 칭찬함으로써 자기가 낮아지는 게 아니다.
도리어 자신을 상대방과 같은 위치에 놓는 것이다.

— 괴테

상대에 따른 칭찬

1900년대 초, 나폴리의 한 공장에서 일하는 한 소년은 성악가가 되는 것이 꿈이었다. 그러나 소년의 목소리를 들은 선생님은 "네 목소리는 마치 바람에 덧문이 덜컹거리는 소리 같구나. 아무래도 네게는 음악이 맞지 않는 것 같다"고 말했다. 그러나 그의 어머니는 그에게 따뜻한 격려의 말을 아끼지 않았다. "너는 내가 생각하기에 분명히 훌륭한 성악가가 될 거야. 계속 노력하면 반드시 그렇게 될 거야. 네 노래 솜씨가 점점 좋아지고 있는걸." 어머니의 칭찬과 격려의 말에 힘을 얻은 그는 노력 끝에 결국 세계 최고의 성악가가 되었다. 그가 바로 '카루소'다. 칭찬과 격려의 힘은 그토록 위대한 것이다.

— '작은 이야기가 주는 큰 희망' 중에서

가난한 사람도 부자도 지위가 높은 사람도 거리의 방랑자도 모두 줄 수 있고 받을 수 있는 것이 칭찬이 아닐까요? 칭찬은 커뮤니케이션 안에서 피어난 꽃과 같습니다. 활짝 피어 상대에게 진한 향기를 전하니까요.

주위 사람들에게 오늘부터 칭찬 봉사를 해보세요. 그 어떤 봉사 보다도 더 깊은 감동을 만들 수 있답니다.

부장님, 좋은 가르침 주셔서 정말 감사 드립니다. 요즘 많이 배우고 있어요.

김 대리님, 매번 귀찮게 해드렸는데 잘 해결해주셔서 정말 든든합니다.

이 주임, 늦게까지 고생하네! 덕분에 나 일 잘 해결했어. 다음에 언제든지 말해!

연인에게 칭찬하기

오빠, 오늘 기분 별로였는데 오빠 만나니까 마음이 풀린다. 옆에 있어줘서 고마워.

자기야, 돈도 없는데 이런 선물해줘서 진짜 감동이야. 정말 소중히 간직할게.

당신 없었으면 내가 이렇게 못 해냈을 거야. 당신 덕분이야. 사랑해.

친구에게 칭찬하기

이렇게 와줘서 고맙다. 너 아니었으면 진짜 외로웠을 거야.

네가 해낼 줄 알았어. 드디어 해내는구나! 대단하다.

난 엄두도 못 낼 일을 멋지게 해내는 네가 참 자랑스럽다.

스피치 클리닉

우리나라의 몸짱 열풍은 미국 '뉴욕 타임스'의 칼럼니스트인 세파이어(William Safire)에 의해 널리 알려진 개념인 '외모지상주의'의 영향을 크게 받았다. 외모지상주의는 외모가 개인간의 우열뿐 아니라 인생의 성패까지 좌우한다고 믿어 외모에 지나치게 집착하는 사회적 풍조를 일컫는 말이다. 물론 아름다운 몸매를 가진다는 것은 감사한 일이다. 예쁘고 잘생긴 얼굴도 개인의 큰 영향력 중 하나인데 거기에 몸매까지 착하다면 그야말로 축복받은 것이다. 그러나 아름다운 몸매에서 어물거리는 말이 나오고 품위 없는 커뮤니케이션이 나온다면 어떨까? 몸매를 가꾸는 것만큼 스피치를 가꾼다면 조금 통통해도, 조금 평범해도 특유의 매력이 생길 것이다. '탄력 있는 스피치 근육'을 만들기 위한 그린라이트 스피치 1:1 클리닉을 시작한다!

당신의 고민은 무엇인가?

1 인 사 가 어 려 워 요 . 어 떻 게 해 야 하 죠 ?

골든 타임이라는 게 있다. 긴박한 사건 사고가 일어났을 때 인명을 구조할 수 있는 중요한 시간을 말한다. 심장 정지 시 심폐소생술은 4분 이내에 시행해야 하고, 화재 시 5분 안에 대피해야 한다. 비행기 사고일 경우에는 30분 안에 대피, 뇌졸증은 3시간 안에 수술해야 목숨을 지킬 수 있다. 이렇게 촌각을 다투는 골든 타임은 커뮤니케이션에도 그대로 적용된다. 적절한 타이밍을 놓치면 분위기도, 사람도, 인생도 놓치는 골든 타임. 많은 사람들이 커뮤니케이션 골든 타임을 종종 놓쳐서 인간관계가 어렵고 복잡하게 꼬인다. 골든 타임을 놓치는 이유는 여러 가지다. 우물쭈물하다 사과의 기회를 놓치는 경우도 있고, 창피해서 고맙다는 말을 못 하는 경우도 있다. 혹은 뭐라고 이야기해야 할지 몰라 위로의 말을 건네지 못하고 멀뚱히 서 있는 모습도 보인다. 골든 타임을 놓치면 어떻게 다시 관계를 맺어야 할지 몰라서 더 멀어지고 결국 가까웠던 이들이 돌아서버리게 된다. 그래서 커뮤니케이션에서의 골든 타임이란 상대의 마음을 재빨리 파악하고 적절하게 대꾸하거나 리액션해서 관계를 유지하는 것이라고 할 수 있다. 커뮤니케이션 골든 타임, 제대로 잡아보자.

인사의 골든 타임은 눈이 마주쳤을 때다

엘리베이터 문이 열렸을 때 들어오려는 사람과 눈이 마주치면 바로 가볍게 목례를 한다. 4층에 사는 아저씨 같은데, 저 아저씨가 나를 알까? 내 옷이 후줄근한데 인사하지 말까? 등 여러 가지 생각이 뒷덜미를 잡더라도 과감히 뿌리치고 반갑게 눈인사나 목례를 한다. 1층까지 내려가는 동안 인사를 할까 말까 고민하며 스트레스 받는 것보다 낫다.

직장 내에서의 인사는 조금 더 다양하다. 출근하며 부서로 들어갈 때는 큰 소리로 '안녕하십니까?' 하며 활기차게 외친다. 사무실이 높은 파티션이 쳐져 있는 구조라면 과장님이나 부장님 등 핵심 멤버 자리부터 동료까지 1미터 정도 거리를 두고 눈을 맞추며 개별 인사를 하는 것이 좋다. 처음엔 어색하다가도 곧 익숙해진다.

복도에서 다른 부서 직원을 만나면 하품을 하거나 핸드폰을 만지작거리며 어색하게 지나가지 말고 가볍게 목례하고 크지 않은 목소리로 '안녕하세요?' 하며 인사를 건넨다.

지나치게 좁은 공간이나, 화장실에서 만났을 때는 가벼운 눈짓만 주고받아도 충분하다. 볼일을 보고 있는 사람을 불러 세워 눈을 맞추고 크게 인사하려다가 눈치 없는 사람으로 찍히지 말자.

여러 번 마주 친 사람과도 가벼운 목례를 하는 게 좋다. 만날 때마다 '안녕하세요?' 하며 정중하게 인사하면 기억력을 의심받을 수도 있고 지나치게 겸양을 떨면 거부감을 줄 수 있다.

인사 ···▶ 인상 ···▶ 인생

인사가 좋은 인상을 만들고 그 인상은 우리의 인생을 바꾼다.

감사의 골든 타임은 즉시다

생일 선물을 받거나 크리스마스 선물을 받았을 때 그 즉시 '고마워'라고 말하는 것은 비교적 쉽다. 눈앞에서 고마운 상황이 벌어졌기 때문이다. 그런데 문제는 보다 복잡한 상황에서 도움을 받았을 경우다. 감기에 걸려 하루 종일 코를 풀었더니 다음 날 아침, 내 자리에 동료의 메모와 함께 비타민이 놓여 있다면 어떻게 고마움을 전할까? 최종 면접에서 떨어진 나에게 힘내라는 쪽지를 쥐어준 엄마에게 어떻게 감사를 전할까? 언제 고맙다고 말할지, 어떻게 고마움을 전할지, 고민하지 말고 발견 한 즉시 실행에 옮기자.

현재 상황 전달 ···▶ 상대의 배려에 감사 ···▶ 나의 감정 변화

단순하게 '고마워' 라는 말보다 위 순서로 감사의 말을 전하면 커뮤니케이션이 화사해진다.

"어? 근영 씨. 어제 내 자리에 비타민 놓고 갔어요? 지금 봤어요!"

"요즘 바빠 보이던데, 이렇게 신경 써주다니, 감동인걸?"

"진짜 고맙다. 덕분에 오늘 힘내서 일 하겠습니다아~. 근영 씨도 감기 조심해!"

때로는 침묵이 위로가 된다

"어쩜! 김 부장님은 꼭 그러더라. 자기가 못 해놓고 꼭 뭐라고 해. 진짜 진상이다. 무시해, 무시해. 무시하고 참자! 아무리 그래도 사람들 많은데 그렇게 소리지를 게 뭐야, 진짜!"

상사에게 면박당한 나를 위로해주는 동료의 이야기가 불편하다. 이런 위로를 받아야 하는 것 자체가 자존심 상한다.

위로는 가장 복잡한 커뮤니케이션 형태다. 자칫 잘못하면 위로를 한답시고 상대의 아픔을 후벼 파는 꼴이 될 수도 있고, 위로를 하다가 '네가 잘못했네' 하는 이상한 결론까지 가서 두 번 죽이는 꼴이 되기도 한다.

위로는 명령어가 아닌, 혼잣말 형태로 하는 것이 도움이 된다.

'무시해, 무시해! 자기가 참아!'처럼 위로하는 사람이 감정을 정하고 그렇게 하는 게 도움된다고 결정 내리는 것은 위로가 아니다.

대신 '김 부장님이 또 오바 하셨네. 자기가 완전 기분 나쁘겠다. 많이 속상하겠다' 등 '~하겠네', '~하겠다'처럼 혼잣말 형태로 상대가 말로 표현하지 못한 감정을 대신 말해 주는 것, 그것이 위로다.

그러나 때로는 아무런 위로 없이 어깨를 잡아주거나, '힘내!' 한 마디 정도 하는 담백한 위로가 큰 도움이 되기도 한다. 감정을 위로하는 것에 진심을 다해 정성을 쏟자.

식사시간으로는 좀 이르죠?

그럼 커피를 마실까요?

아니면, 영화를 보실래요?

그럼 뭐 할까요?

네?

어, 그러네요?

아, 그것도 좋고요.

아, 뭐, 괜찮네요.

네? 저는 뭐 다 좋은데요.

이 사람… 왜 나왔지? 날 싫어하나? 도대체 저한테 왜 이러세요?

대화를 이끌어가는 힘이 없는 사람은 대화를 뚝뚝 끊기게 하고 재미없게 한다. 소개팅에서 처음 만났을 때는 상대가 어떤 사람인지 궁금하기 때문에 끊임없이 질문하고 대답하는 대화가 이어진다. 그런데 대화 기술이 없는 사람은 소개팅 자리에서 묻고 대답하고 확인하는 모든 시간이 견디기 힘들다고 토로한다. 첫 만남에서 사용하는 대화의 기술, 다음 세 가지만 기억하자.

날씨, 계절, 교통 등 일반적인 질문으로 시작하라

의자에 엉덩이를 붙이자마자 '고등학교는 어디 나오셨나요?', '차타고 오셨어요?' 하고 다짜고짜 물어보면 결혼정보회사 직원인가? 하는 생각이 든다. 민감한 질문보다 아주 일반적이고 일상에 관련된 질문이 좋다.

"오늘 날씨 엄청 춥죠? 오시는 길은 안 미끄러웠어요?"

"오시는 데 길 안 밀렸나요? 요즘 스키 시즌인가 봐요. 나가는 차들이 엄청 많더라고요."

가볍게 시작된 대화는 상대의 마음을 풀어주는 효과가 있고 소개팅 자리가 주는 쫀쫀한 긴장감을 녹아 내리게 만든다.

상대의 이야기에서 질문을 뽑아내라

그런데, 영화는 어떤 영화 좋아하세요?

아, 맞다. 집은 어디쯤이에요?

그런데 대학교 때 전공은 어떤 쪽이었어요?

상대가 진득하게 대답하려고 하는데 금세 대화의 주제를 휙휙 넘겨버리는 건 호감을 떨어뜨리는 실수다. 대화 주제가 너무 쉽게 바뀌면 심리적으로 안정적이지 못한 사람이라는 인상을 주고 상대의 이야기를 경청하지 않는 경솔한 사람으로 오해받기 쉽다. 모든 대화는 상대의 이야기에서 힌트를 얻어야 자연스럽게 이어진다.

"어떤 영화 좋아하세요?"

"전 잔잔한 영화 좋아해요. 액션이 넘쳐 흐르는 영화는 볼 때는 재미있는데, 보고 나면 남는 게 없더라고요."

"아, 그렇군요. 그럼 최근 잔잔한 영화, 뭐 있었더라? 뭐 보셨어요?"

"아! 비긴어게인 보셨어요? 저 되게 재미있게 봤거든요."

"아! 저도 봤죠! 저도 그런 스타일 좋아해요. 음악이 진짜 좋잖아요."

"그렇죠? 요즘 음반사에서 그렇게 거리 녹음을 시도하는 곳이 있대요. 영화처럼요."

하나의 주제로 세 번 이상 대화가 오고 갈 수 있도록 하려면 눈치가 필요하다. 상대가 하는 말을 유심히 듣다가 그중 궁금한 것이나 내 경험과 비슷한 것을 뽑아내서 다음 질문이나 리액션으로 눈치껏 연결하자. 무 자르듯 딱딱 끊어지는 대화 대신 카푸치노 거품처럼 부드럽게 이어가면 상대의 마음을 여는 것은 시간 문제다.

유쾌한 사람이라는 인상을 남기자

웃음은 만병통치약이라고 한다. 우울할 때 재미있는 TV 프로그램을 보며 키득키득 웃다 보면 근심 걱정이 사라지고 '내가 무엇 때문에 고민했었지?' 하는 경우가 있다. 웃음과 관련된 여러 연구가 진행되었는데, 최근에는 암환자가 많이 웃을수록 방사선 치료 때문에 발생하는 중증 피부염이 줄어든다는 흥미로운 결과도 발표되었다(부산일보, 2014년 11월 24일). 웃음이 암세포를 제거하는 NK세포를 활성화하고 혈압을 안정되게 하고 심혈관 호흡기 질환에도 효과적이라는 것이다.

이렇게 어려운 이야기가 아니라도 한참을 웃고 나면 마음이 시원해지고 기분이 맑아지는 것을 느낀다. 이런 긍정적인 감정을 혼자가 아닌, 상대와 나누면 상대방에게도 긍정적인 감정이 전이되는 효과가 있다.

그런데 상대를 어떻게 웃길까? 그리고 나는 언제 웃을까?

개그맨처럼 웃음을 빵빵 터트릴 수는 없지만 살짝 흉내 내는 것은 도움이 된다. 개그 본능이 없다 하더라도 아주 짧은 유행어만 잘 따라 하면 호감도가 상승한다.

"자기야~ 오늘 못 갈 것 같아. 몸이 약해서~ 머리가 아파서~."

"배우고 싶어요. 네 마음속으로 들어가는 방법을 배우고 싶어요!"

연타를 성공시키려 하지 말고 20퍼센트만 오픈 하자. 연습한 유행어만큼 어색한 건 또 없으니.

내가 웃는 타이밍 또한 중요하다.

상대가 이야기를 할 때, 약간 미소를 띠는 게 좋다. 그리고 조금이라도 웃긴 말이 나오면 무조건 웃자. 웃는 모습을 보여주면 상대는 자신감이 생기고 그러면 생각보다 더 멋진 모습이 나온다. 웃겨 죽겠다는 표정으로 상대를 배려하면 처음의 어색한 분위기는 어느새 사라지고 마음의 거리가 조금 밀착되어 있을 것이다.

3 사투리도 심하고, 목소리가 마음에 안 들어요

"마이 묵었다 아이가."

영화 '친구'의 대사 때문에 한때 부산 사투리가 유행처럼 번졌던 적이 있었다. 왠지 강해 보이기도 하고, 진짜 남자 같은 느낌도 든다. 무심한 듯 챙겨주는 부산 사나이의 모습을 사투리에서 느끼고 싶은 여성들의 바람도 작용했으리라.

사투리는 지역 특색이 있는 말이다. 한 지역에서 오래 살았다면 그 지역에서 많이 쓰는 단어나 말의 높낮이 등 특징이 언어 습관으로 고착된다. 그래서 사투리를 교정하려면 충분한 시간이 필요하다. 몇 년, 혹은 몇 십 년 동안 듣고 썼던 말을 한꺼번에 고칠 수 없기 때문이다. 하지만 포기하지만 않는다면 가능하다. 그런 결과를 얻으려면 인고의 세월을 견뎌야 한다. 매력적인 목소리 만들기, 다음의 두 가지만 기억하자.

표준어 따라 하기

TV 뉴스를 녹음하거나 다양한 휴대폰 어플로 뉴스를 듣는다. 그리고 자투리 시간에 반복해서 듣는다. 라디오 뉴스보다 TV 뉴스가 더 효과적이다. 음성만 듣는 것보다 입 모양과 음성을 연결하는 것이 더 좋다.

그리고 그 뉴스를 따라서 말하는 연습을 한다. 사투리와 표준어의 가장 큰 차이점은 음의 높낮이인데, 먼저 음의 높낮이를 일정하게 유지하는 연습을 한다.

"안녕하십니까? KBS 뉴스 이지은입니다."

모든 음가의 길이도, 음가의 높이도 일정하게 유지해서 읽는다.

"안/녕/하/십/니/까/케/이/비/에/스/뉴/스/이/지/은/입/니/다/"

이때 양 손을 가슴 높이까지 올려서 앞으로 나란히 자세를 취하며 읽어준다면 몸의 모양과 소리의 감각이 일치되어 조금 더 효과를 볼 수 있다.

이후에 이 훈련이 익숙해졌다면 목소리를 둥글리면서 이야기를 한다. 이때 손도 앞 쪽으로 둥글리며 말을 하면 도움이 된다.

"안녕하십니까? 이지은입니다. 만나서 반갑습니다."

마스크 공명 활용하기

노래방에 가서 성능 좋은 마이크를 만나면 평소 메마른 것 같던 내 노래가 왕왕 울려서 '와우~ 100점! 가수 나셨네요!' 하는 찬사가 흘러나온다. 또 목욕탕에서는 콧노래가 더 잘 들리는 경험도 해봤을 것이다. 이런 울림을 우리 목소리에 적용시키면 바로 공명이 된다.

공명은 공간을 이용하는 발성이다.

우리의 목소리는 두 공간을 거치며 나오는데 하나는 비강이고 다른 하나는 구강이다. 이 두 공간을 적절히 활용해서 나오는 소리는 모나지 않고 부드럽다. 이 두 공간을 모두 활용해 공명한 음성은 풍부하고 울림이 있다. 그럼 내 공명을 느껴보자.

비강만을 사용하는 경우와 구강만을 사용하는 경우를 직접 느껴보면 공명이 어떤 것인지 쉽게 알 수 있다.

먼저, 비강을 활용하는 경우.

입 속의 혀를 입천장에 바짝 붙이고 숨을 코로 내보내면서 '음~' 하고 소리를 내보자. 이때 혀 뿌리까지 입천장에 착 달라붙게 해야 한다. 이렇게 하고 소리를 내면 앵앵거리는 콧소리가 많이 섞여 있을 것이다.

구강을 활용하는 경우.

코를 막고 '아~'하는 음성을 내보자. 코 막힌 소리, 답답한 소리가 난다.

비강과 구강을 모두 활용하는 발성.

입 속에 탁구공 하나가 들어가 있다고 상상하자. 혀가 아래로 내려가서 달라붙고 입 안의 공간이 동그랗게 만들어질 것이다. 두 입술은 살짝 붙이고 '음~'하는 소리를 내보자. 입술이 바르르 떨릴 것이다. 이렇게 만들어진 목소리가 나의 스피치를 풍성하게 만든다.

공명, 즉 울림이 들어간 당신의 목소리는 상대의 마음을 움직이는 강력한 무기다. 입과 코를 울려서 상대의 마음까지 울리는 완전 소중한 목소리를 만들자.

4 프 레 젠 테 이 션 을 할 때 너 무 떨 려 요

'나는 누군가. 여긴 어딘가.'

퍼뜩 정신을 차리고 보면 수십 명의 눈동자가 나를 향해 반짝이는 것이 보인다. 침이 마르기 시작하고 머리는 어질어질, 내가 무슨 말을 하고 있는지도 모른 채 떨리는 음성이 귓가에 울린다. 떨리지 않고 조금 더 멋지게 프레젠테이션을 할 수 있는 묘안이 있다면 영혼이라도 팔겠다.

소규모 그룹에서 브리핑을 하거나 발표하는 것과 다르게 대규모 집단에서 프레젠테이션을 하는 것은 연습만으로 해결하기 어렵다.

'언젠간 끝나겠지… 시간아 흘러라…' 하고 버티는 것도 한계가 있다. 특히나 프레젠테이션 이후에 질의 응답 시간이 있다면 긴장도는 배가 된다. 긴장을 낮추고 평온을 되찾는 비법 3가지를 기억하자.

복식호흡으로 응급처치

긴장하면 혈관이 수축되어 혈액순환이 되지 않는다. 그러다 보니 손발이 차가워지고 머리는 멍해지는 느낌이 든다. 이러면 준비했던 내용이 더 생각 안 나고 멘붕 상태로 간다. 이때 복식호흡은 긴장을 낮추는 데 아주 효과적이다. 발표 전 아주 잠깐, 복식호흡을 하자.

> 기본 호흡 연습
>
> ❶ 먼저 발을 어깨 너비만큼 벌린다.
>
> ❷ 허리와 목을 바르게 세운다.
>
> ❸ 팔은 힘을 빼고 자연스럽게 늘어뜨린다.
>
> ❹ 목 근육의 긴장을 풀어준다.
>
> ❺ 숨을 들이마시고 배를 불룩하게 만든 후, 입으로 숨을 내쉰다.
>
> ❻ 숨을 더 깊이 들이마시고 입으로 숨을 내쉰다.
>
> ❼ 3~5번 반복한다.

이 방법으로 긴장이 잘 풀리지 않는다면 사람들이 없는 곳으로 자리를 옮겨 다른 호흡법을 활용해보자.

　　이 방법은 호흡을 조금 더 깊이 들이마시고 깊이 내쉬는 훈련을 하는 것이다. 몸을 움직이면서 하기 때문에 몸의 근육도 같이 풀어지는 효과가 있다. 정말 복식호흡으로 긴장이 낮아질 수 있나? 하고 의심하지 말고 일단 한번 활용해보자. 백 퍼센트 장담한다.

라떼보다는 아메리카노

　　발표나 프레젠테이션을 하기 전에 목이 탄다고 음료수나 커피를 마시곤 하는데, 음료수의 탄산 성분은 건강한 목 상태에 도움이 안 되고 단 성분은 끈적끈적한 침을 만들어 목을 답답하게 한다. 또한 발표 중에 기포가 올라와서 민망한 트림이 나올 위험도 있다. 우유가 들어간 커피도 마찬가지이다. 침이 우유와 섞여 탁하고 끈적이게 변한다. 가래 끓는 목소리가 나올 수 있어서 위험하다. 커피를 마시고 싶다면 아메리카노를 선택하는 것이 좋다. 물론 가장 안전한 것은 미지근한 물이다. 성대를 촉촉하게 보호하기도 하고 입안을 깔끔하게 정리해주기도 한다. 또 물을 마시면 머리가 맑아지고 긴장이 풀린다.

만약, 발표 시간이 길다면 뚜껑이 달린 생수 한 병을 미리 준비하는 것이 좋다.

질문은 나를 살리는 길

한 시간 동안 발표자 혼자 떠드는 것은 말하는 사람에게도, 듣는 사람에게도 여간 힘든 일이 아니다. 시간조절과 긴장완화를 위한 특급 조치!

'질문을 활용하라.'

발표 연습을 하며 계산한 시간을 맞추려면 발표자에게 여유도 있어야 하고 미리 작성해놓은 스크립트를 볼 시간도 있어야 하는데, 발표자가 계속 말을 하고 있다면 그럴 만한 시간이 없다. 적절한 질문은 분위기를 환기할 수도 있고 발표자에게 숨을 돌릴 여유를 주기도 한다.

> 안녕하세요? 오늘 날씨 때문에 많이 추우시죠?
>
> 여러분, 혹시 ○○○에 대해 들어보셨나요?
>
> 만약 이런 상황이라면 여러분은 어떻게 하시겠어요?
>
> 이렇게 조사 결과가 나왔습니다. 어떤 것을 예측할 수 있을까요?

상황에 따라 다양한 질문을 던지면 청중은 그 대답을 생각하고 그 시간 동안 발표자는 숨을 돌리거나, 청중의 분위기를 살피거나, 다음에 발표할 내용을 확인할 수 있다.

5 이성의 전화번호를 어떻게 받아내지요?

너무 적극적으로 들이대면 '선수'라는 오해를 받을 것 같고 그렇다고 머뭇거리다가는 이대로 헤어지게 될 것 같은데….

마음에 드는 이성을 발견했는데, 어떻게 말을 해야 할지 몰라서 입술만 달싹거린 경험이 한두 번은 있을 것이다. '시간 있으시면 커피나 한 잔…' 냉동인간이나 써먹을 것 같은 20년 전 작업멘트만 생각난다. 도대체 뭐라 이야기해야 그녀의 번호를 받아낼 수 있을까? 전문적인 '픽업 아티스트'를 양성하고 활발히 활동하고 있는 남성도 있지만 이러나 저러나 여성의 마음을 얻기 어렵기는 매한가지다. 헌팅 꽤나 당해봤다는 여자들의 이야기로 남자들의 작업 형태를 알아보자.

호구 조사형

'혹시, 이 근처 사세요?', '이 근처 학원 다니시죠?' 등의 질문으로 시작하여 '사실 여기서 몇 번 그쪽을 봤었어요. 느낌이 좋아서 기다렸습니다'로 이어지는 작업이다. 진짜 그녀를 기다린 거라면 며칠 동안의 노력에 박수를 보낼 만하지만 그렇지 않고 배워서 써먹은 거라면 이런 유형의 작업 멘트는 여성들에게 효과적이지 않다. 집 앞에서 기다리는 그가 로맨틱해 보일 수도 있지만 잠복하고 있는 스토커나 '집착남 꿈나무'일 것 같은 같은 느낌도 함께 들기 때문이다.

시각 자료형

휴대전화에 자기소개를 써서 그녀의 눈앞에 들이대는 수법이다. 그녀가 글을 읽고 궁금한 마음으로 그를 바라보면 '저, 이런 사람입니다. 건실한 청년이죠. 잠깐 시간 되세요?' 하고 말을 건넨다. 참신한 자기 소개 아이디어가 있다면 도전해볼 만하다. 단, 몇몇 픽업 아티스트들이 사용하는 방법으로 입 소문이 퍼져 있다는 것이 흠이라면 흠.

돌직구형

'그쪽이 마음에 듭니다. 전화번호 알려주실 수 있나요?', '저, OO 살의 OOO입니다. 그쪽이 제 마음에 들어서 왔습니다. O톡 아이디 알려 주실 수 있나요?' 하고 당황하는 그녀에게 돌직구를 던진다. 어건 뭐지? 하고 당황스럽지만 저돌적인 모습에 은근히 매력을 느끼는 여자가 적지 않다. 단, 소심한 모습으로 시선도 못 마주치는 사람이라면 실패!

변태형

'어떤 향수 뿌리셨어요? 향기가 좋아서 따라왔습니다', '꿈에 그리던 이상형이라 따라왔습니다'라는 멘트는 첫 시작부터 부담이 백배 가중된다. '나 향수 안 뿌렸는데, 딴 여자 냄새 맡고 엉뚱한 사람 따라온 거 아냐?', '뭐야 이 변태… 킁킁거리며 냄새 맡고 다니는 늑대냐?' 하고 부정적인 생각이 들기도 하다. 꿈에 그리던 이상형 운운하는 남자의 말에 로맨틱한 요소는 있지만 김태희도 아니고 수지도 아닌, 내가 누군가의 꿈에 나올 만한 사람인가? 하며 신뢰도가 떨어진다.

영화에서 나올 법한 첫 만남을 시도하는 건 현실에서는 지나치게 오그라드는 느낌이고 어울리지 않는다는 것은 여자들도 알고 있다. 또 픽업 아티스트들이 쓰는 온갖 현란한 기술에 무작정 넘어가는 여자도 많지 않다. 달콤한 말들이 무분별하게 오가는 당분 과잉의 시대에는 오히려 담백한 연애 기술이 더 효과적일 수 있다. 솔직하고 진실하게 떨리면 떨리는 대로 그 순간의 감정을 고스란히 전하면 어떨까?

어필 1. 시선은 부드럽게 그녀를 바라보라.
어필 2. 목소리는 크고 또렷하게 말하라.
어필 3. 선수는 아니지만 용기 내어 말한다는 것을 밝혀라.
어필 4. 비굴하지는 않지만 예의 바르게 행동하라.

"제가 이렇게 말씀 드리는 게 저에게도 참 어색한 일인데요. 지금 말을 걸지 않으면 안 될 것 같아서 용기를 냈습니다. 그쪽이 참 괜찮은 분인 것 같습니다. 혹시 전화번호 주실 수 있으세요? 편한 시간에 다시 만나고 싶습니다."

차근차근 당신의 마음을 전하면 분명 여성도 진심을 느낄 것이다. 지나치게 긴장해서 땀을 뚝뚝 흘리거나 입술이 바르르 떨리며 땅바닥만 쳐다보는 것만 아니라면 말이다.

6 로맨틱하게 말하고 싶어요

TV드라마에 나오는 주인공들의 대화를 듣다 보면 듣는 것만으로도 귀에 꿀이 흐르는 것 같다. 어쩜 저리도 달콤한 말을 건넬 수 있을까? 밥을 먹으면서도 사랑스럽게 말하고 운전을 하면서도 로맨틱한 말이 오간다. 그런데 가만히 살펴보면 드라마 대사에서 심한 감동을 주는 대사에는 공통점이 있다.

먹었어? 밥? (드라마 〈펀치〉–김아중의 대사)

살고 싶다. 1년만, 아니 3개월만. 예린이 입학식 가고 싶어. (드라마 〈펀치〉–김래원의 대사)

네가 좋아. 김탄! (드라마 〈상속자들〉–박신혜 대사)

바로 도치법을 활용한 것이다. 서술어를 앞으로 당겨 말하고 이유나 목적어를 뒤에 말하는 방법이 도치법인데, 영어 문법에서는 많이 쓰이지만 우리 국어에서는 많이 쓰이지 않는다. 다만 시나 연극에서 감성을 강조하기 위해서 자주 사용하는 장치다. 커뮤니케이션에서도 이런 도치법을 활용해서 말하면 내용을 의도적으로 강조할 수 있고 스피치를 아주 감각적으로 만들 수 있다. 예를 들어 배가 고픈 상황을 도치법으로 말한다면 '먹고 싶다. 김치우동!' 이렇게 활용하면 된다.

이런 도치법을 일상 생활에서 많이 쓰면 손발이 오글오글거리지만 가끔씩 쓰면 상대에게 특별한 감정을 줄 수 있다. 특히 남성들이 이렇게 말을 하면 100퍼센트 작업 멘트로 변한다. 왠지 무심하게 말하는 것 같지만 듣고 보면 아주 로맨틱하기 때문이다.

썸을 타는 남녀가 있다. 남자가 여자에게 고백하려는 상황에서 일반적인 문장과 도치법을 활용해 하는 말을 비교해 보자.

일반적인 고백 : 은지야! 네가 정말 마음에 들어. 우리 사귀자.

도치법을 활용한 고백 : 사귀자 우리. 내 여자친구 해라. 지금부터!

이렇게 도치법을 활용하면 스피치가 리드미컬해지고 대화에 임팩트가 살아난다. 그렇다고 자주 사용해서 모든 말을 뒤집어 놓으면 들어주기 힘들다. '되어줘, 나의 여친', '마르다, 목이', '한다, 사랑' 이러면 아무도 못 알아 듣는다는 말씀!

도치법을 활용할 때 주의할 점 2가지가 있다.

첫 번째, 긴 문장에 활용하면 효과가 흐지부지해진다. '지난 일주일이 나에게는 1년이 흐른 것 같은 느낌이었어. 당신이 1주일 동안 중국이랑 두바이로 출장 가서' 이렇게 말하면 물론 사랑스러운 말이지만 그 달달함이 넘쳐 흐르지 않는다. 대신 '1주일이 1년같아. 당신이 없어서'라고 간결하게 표현하는 것이 좋다.

두 번째, 굳이 설명하려고 '왜냐하면' 이라는 말을 넣지 말라. '1주일이 1년 같아. 왜냐하면 당신이 없었으니까' 초등학생 논술 스피치처럼 지나치게 정직한 느낌이 든다.

이 두 가지를 염두에 두고 활용하는 도치법 스피치, 당신을 로맨틱가이로 만들어 줄 확실한 무기가 될 것이다.

도치법 스피치로 환하게 켜시라. 여러분의 그린라이트를!

7 헤어지자는 말을 어떻게 해야 할지 모르겠어요

유지태와 이영애 주연의 영화 '봄날은 간다'에서 마음이 떠난 이영애에게 유지태가 말한다.

"사랑이 어떻게 변하니?"

하지만 사랑을 해본 사람들은 다 안다. '변하지 않으면 사랑이 아니야.' 특히 젊은 시절의 사랑은 계절이 바뀌듯 시시각각 모습을 달리

하기 마련이다. 변해가는 사랑을 받아들이고 이해한다면 오래 갈 수는 있겠지만 그렇지 않다면 여러 가지 헤어질 이유가 등장한다. 성격이 안 맞는 것 같아서, 서로의 꿈이 달라서, 바쁘다 보니 만날 시간이 없어서, 혹은 자주 만나 질려서, 내 친구와 친해지지 못하는 것 같아서, 말이 없어서, 질투가 심해서, 자존심만 세서, 부모님이 반대해서, 종교가 달라서, 식성이 맞지 않아서…. 헤아려보니 이 세상엔 헤어질 이유가 참 많다. 그리고 모든 헤어짐은 공평하지 않다. 두 사람이 동시에 '헤어져야겠다'는 마음이 들어서 헤어지면 좋으련만 대부분의 이별은 누군가는 미안해하고 누군가는 상처 받는다. 하지만 상처를 주는 게 미안해서 마음은 떠났는데 헤어지자는 말을 하지 않고 질질 감정을 끌고 가는 것은 남겨질 사람에게 더 잔인한 일이다. 만남도 헤어짐도 우리 인생에서 여러 차례 왔다 가는 인간관계다. 사랑했던 사람에게 마지막까지 예의를 갖춰주는 게 맞다. 당신이 조금이라도 사랑했다면 상대방은 마땅히 대접받아야 할 사람이다.

한 인터넷 포털 사이트에서 '이별'이라는 주제로 설문조사를 한 결과, 이별할 때 연인에게 가장 듣기 싫은 말은 "사랑하기 때문에 헤어지는 거야"(43.5%)로 나타났다. 헤어질 때 헤어지더라도 끝까지 폼 잡고 싶은 이기적인 마음이 표현된 것이라는 생각이 든다. 이런 말을 듣는 상대방은 단호하게 마음을 정리하지도 못하고 매달리지도 못하게 된다. 또 설문조사에서 3위는 "얼굴을 보지도 않고 이메일로 이별을 통보하는 것"(34.8%)이라고 한다. 빠르고 간편한 시대에서는 이별도 이메일로 전달이 되는 걸까? 그래도 몇 달, 혹은 몇 년 동안 얼굴 마주보며 사랑을 속삭였던 사람들인데 마지막 이별의 말은 얼굴 보고 하는 것이 지나간 세월에 대한 예의가 아닐까 싶다.

헤어지는 것도 억울하고 서러운데 혼자 남겨질 사람들에게 진실한 모습을 보여주는 것, 그린라이트가 꺼질 때에도 깔끔하고 곱게 보내 주자.

쿨하게 헤어지는 방법

❶ **내가 준 선물에 대한 미련을 버리자!** 핸드백, 지갑, 옷, 구두… 내가 돈 생길 때마다 투자했는데 원금도 못 찾고 이별이라니, 손해 봤다는 생각이 드는가? 모든 투자는 어느 정도 손실은 예상해야 하는 법. 투자원금을 보증한다는 계약도 없으니 다시 찾아오려는 찌질함은 버리자.

❷ **고운 말로 보내자!** 억울하고 답답하다 해도 한때 사랑했던 사람에게 욕지거리를 내뱉는 실수는 하지 말자. 사람 일은 모르는 거고 세상은 생각한 것보다 좁다. 지금 그가 떠났다고 영원히 다시 마주치지 않을 거라는 확신은 금물! 아는 사람의 친구의 친구로, 직장에서 거래처 직원으로, 친척의 결혼식에서 우연히 다시 만날지도 모르는 일이다. 그때 나를 보고 아련한 눈빛을 보낼지, 뭐 밟은 표정으로 돌아설지는 마지막 내 모습에서 결정된다.

❸ **뒷담화로 괴롭히지 말자!** 헤어지는 순간부터 주위사람들에게

그에 대한 온갖 험담을 늘어놓지 마라. 주위 친구들은 당신을 위로하려 고개를 끄덕끄덕 하겠지만 돌아서면 당신을 더 불쌍하게 여긴다. 내 얼굴에 침 뱉는 꼴이 된다. 그렇게 못되고 속 좁고 막돼먹은 그 사람과 사귄 당신은 제 정신이었나? 만약, 전 여자 친구 이야기를 하고 다니는 남자라면 이 세상 모든 여자에게 공공의 적이 된다.

❹ **다음에 만날 사람에게 옛 여친, 남친의 모습을 기대하지 말자!** 내 뜻이 아닌, 상대방의 뜻으로 헤어졌다면 미련이 오랫동안 남을 수 있다. 하지만 다음에 만날 사람을 위해 미련은 지나가는 개나 줘버리자. 아무리 가지고 있어도 어디에도 쓸 데가 없는 게 '미련'이다. 더군다나 새롭게 만나는 사람에게 전 여친, 전 남친이 입었던 옷을 선물하고 같이 갔던 곳을 가고 똑같은 선물을 준다면 멜로물이 아니고 미스터리 호러물이 된다.

❺ **연락처에서 지우자!** 술 먹고 전화할까 봐 그렇다. 잘 버텨 왔는데 술 한번 잘못 먹고 밤새 전화해서 진상을 떨면 다음 날 숙취보다 더한 고통이 밀려온다. 뒤늦게 후회해도 퍼즐처럼 맞춰지는 창피한 기억은 당신의 삶에서 영원히 잊혀지지 않는다. 이런 실수는 처음부터 싹을 잘라야 한다. 내 마음에서 지워야겠다고 마음을 먹은 순간, 연락처에서도 메신저에서도 SNS에서도 모두모두 끊어버리는 용기가 필요하다.

그리고 가장 중요한 것. 양다리나 스토커 짓 등 특별한 짓을 해서 헤어지는 경우가 아니라 평범한 이별을 할 때는 한때 마음을 다해 사랑했던 사람에게 최선을 다해 이별을 말해주자.

'이제 네가 싫어졌어', ' 이젠 질렸어', '너랑 도저히 못 만나겠어' 같은 야멸찬 말보다 "우리가 요즘 여러 가지 일로 많이 다투고 있는 것 같아. 참 좋아했었는데, 마음이 멀어지니 이제 너와 나는 안 될 것 같아. 그동안 고마웠어. 잘 지내" 하고 인간적인 정리를 해주는 게 어떨까?

진심을 다해 헤어짐을 말하면 상대도 진지하게 받아들인다. '만남보다 헤어짐이 더 깔끔해야 한다'는 어른들의 말, 나이 먹고 나면 정말 맞다는 것을 알게 될 것이다.

당신의
삶에도
그린라이트가
켜지길
바라며

　그 여자는 방송 녹음을 끝내고 주차장으로 내려왔다. 자동차 시동
을 켜고 네비게이션을 누른다. 그 여자는 운전을 할 때 기분이 좋다.
길을 찾아가는 것이 인생을 사는 것과 아주 닮아 있다고 생각한다.
그 여자는 엄마를 닮아 길눈이 밝은 편이지만 그래도 가끔씩 길을 잃
는다. 분명 우회전을 하면 될 것 같았는데, 엉뚱한 길로 들어서 같은
자리를 뱅글뱅글 돌기도 한다. 평소에는 규정속도가 너무 낮게 정해
져 있는 게 아닌가 하는 생각이 들 정도로 거칠 것이 없던 도로였는
데, 다들 어디에서 나타났는지 하필 바쁠 때 차가 한 가득 모여서 길
에 갇힌 적도 있다. 그럴 때 그 여자는 한 번도 가지 않은 길을 선택해
가벼운 모험을 하기도 한다. 막다른 골목이나 아주 좁은 길이 나와
낭패를 볼 때도 있지만 운이 좋을 때는 지금까지 몰랐던 지름길을 발
견하기도 하고 사연이 있는 골목길에서 위안을 얻기도 한다. 그래서

그 여자는 새로운 길을 찾아내는 것이 좋다. 길이 아니면 어떠한가. 네비게이션에서 경로를 이탈했다고 조바심을 내면 또 어떠한가. 언젠가는 목적지에 도착할 것이고 또 누군가를 만날 것이다. 조금 돌아가도 길이고, 조금 늦게 가도 길이다. 우리 인생도 마찬가지다. 조금 헤맨다고 틀린 것이 아니다. 길눈이 어둡다고 영 못 찾아 가는 것도 아니다. 원래 청춘은 다 헤맨다. 아니, 청춘이 아니라 해도 모든 인생은 헤맨다. 그러니 겁내지 않아도 된다. 당신이 우리가 가는 그곳이 바로… 길이다.

그 여자는 여자의 사무실로 돌아가는 다른 길을 찾아냈다. 올림픽대로를 타는 익숙한 길 대신 다른 길로 접어들었다. 은행나무가 심어져 있는 길을 지나 예전에 한 번 왔던 것 같은 골목도 만났다. 그리고 조금 더 헤맨 후에 신천역 사거리에 있는 그녀의 학원 '마루지'에 도착했다. 어찌되었든 오늘도 무사히 돌아왔다.

그 여자는 누군가와 이야기를 할 때 가슴이 두근거린다. 아니, 두근거린다는 표현만으로는 설명이 부족하다. 요즘 말로 '쫄깃하다'는 표현이 어떨까. 생각한다. 쫄깃하다. 딱딱하거나 물렁거리지 않고 적당한 탄력이 있으면서 쉽게 끊어지지는 않는 느낌이다. 그 여자는 상대방이 어떤 사람인지 궁금해서 쫄깃한 마음으로 대화하고, 그가 무슨 사연을 갖고 있는지 기대하면서 쫄깃한 마음으로 말을 섞는다. 그렇게 이야기하다 보면 상대가 누구든지 간에 그에게서 배울 점이 보인다. 또 많은 사람을 한꺼번에 만날 때는 그 쫄깃함이 배가 된다. 무대에 올라 강연하거나 제안서를 작성해서 브리핑할 때, 기대에 찬 청중의 눈빛을 보는 순간이 그렇다. 그 쫄깃한 느낌이 참 좋다. 그런 느낌을 느끼면 상대가 좋아진다. 상대가 한 사람이든, 세 사람이든, 1000명이든 그런 느낌으로 그들을 대하면 그들이 좋아진다. 그 여자는 그런 느낌으로 사람을 좋아하게 되는 것. 바로 그것이 그린라이트 스피치라고 생각한다. 내가 먼저 그들을 좋아하는 마음, 그래서 그들이 나를 호감 있게 바라보는 마음, 우리의 마음이 통하는 그 순간, 그린라이트가 켜지지 않을까?

당신의 스피치, 당신의 삶에도 그린라이트가 켜지길 바라며….

자기계발

미생, 완생을 꿈꾸다
토요일 아침 7시 30분 HBR 스터디 모임 이야기

정민주 외 지음

지금 하고 있는 일에서 보람을 찾고 싶다면? 하고 싶은 일과 할 수 있는 일의 조화를 꿈꾼다면?
조금 늦은 듯하지만 새로운 꿈이 생겼다면? 아직 방황하고 있다면?
여기서 길을 찾을 수 있을 것이다!

내가 정상에서 본 것을 당신도 볼 수 있다면
극한의 상황에서 깨닫게 되는 삶의 지혜

앨리슨 레빈 지음 · 장정인 옮김

희박한 산소, 영하 40도의 날씨, 멈추는 순간 찾아오는 죽음. 에베레스트 정상과 같은 극한의 상황에서는 조금 다른 판단이 필요하다. 미국 최초의 여성 등반대 대장이자 탐험가 그랜드슬램을 달성한 산악인 앨리슨 레빈이 정상에서 알게 된 삶의 자세를 진중하지만 재미있게 전달한다.

말하지 말고 표현하라
상대의 마음을 움직이는 건 진심의 목소리다

박형욱 지음

말 잘하기, 스피치 훈련, 프레젠테이션 기법은 많다. 하지만 진정한 자신을 표현할 수 있겠는가?
유창한 말솜씨가 아니라 진심을 담은 한두 마디의 '표현'이 마음을 움직인다.

내려놓기의 즐거움
삶과 사랑 그리고 죽음에 대한 놀라운 인생 자세

주디스 오를로프 지음 · 조미라 옮김

직관의 말을 듣고 모든 것을 내려놓는 것은 절대 패배가 아니다.
그럼으로써 인생은 더욱 행복해지고 또한 승리하게 된다.

거의 모든 것의 정리법
거실, 자동차, 기저귀 가방, 지갑, 인간관계, 시간, 남편까지 당신이 찾는 모든 정리법

저스틴 클로스키 지음 · 조민정 옮김

헐리우드 스타들에게 정리의 비법을 전하는 기업, OCD 익스페리언스의 창립자 저스틴 클로스키가 말하는 거의 모든 것의 정리법. 사물, 시간, 공간, 관계까지. 정리를 하면 창조의 공간이 생긴다는 창조적 정리법을 확인해보자.

스티커빌리티
생각을 바꿔 부자가 되는 비밀

그렉 S. 리드 지음 · 박상욱 옮김

결과를 만든 사람들이 가진 단 하나의 공통점, 스티커빌리티
스티커빌리티『Stickability』는 인내, 끈질김,
그리고 머릿속에 박혀서 떠나지 않는 바로 그 생각이다.

인생을 바꾸는 네 가지 선택

리차드 폴 에반스 지음 · 권유선 옮김

투렛 증후군을 앓는 베스트셀러 작가
리차드 폴 에반스가 들려주는 삶의 노래
풍요로운 인생에는 넘어야 할 네 가지 문이 있다.

디지털 세상에서 집중하는 법
디지털 주의 산만에 대처하는 9가지 단계

프란시스 부스 지음 · 김선민 옮김

혹시 스마트폰을 끄는 방법을 잊어버리지 않았는가?
5분에 한 번씩 메시지를 확인한다면 당신의 집중력은
지금 도둑맞고 있는 것이다.

린 토크
예의 바르면서도 할 말은 다 하는 대화의 기술

앨런 파머 지음 · 문지혜 옮김

예의를 지키면서도 빠른 시간 안에 본론으로 들어가는 대화법이 존재한다.
이것을 〈린 토크〉라 부른다. 대화를 시작하고 1분에 당신은 본론에 접어들 수 있을 것이다.

긍정으로 리드하라

캐서린 크래머 지음 · 송유진 옮김

'만약'이 '현실'이 되게 하는 것이 바로 이 책이 말하고자 하는 전부다. 모든 독자에게 하는
약속은 보고, 말하고, 행동하는 방식을 가능한 것, 긍정적인 쪽으로 바꿀 때, 더 멀리 갈 수
있고, 더 빠르게 행동할 수 있다는 것이다.

뉴요커가 된 부처
상사는 거지같고, 전 애인이 괴롭혀도, 부처처럼 걸어라

로드로 린즐러 지음 · 김동찬 옮김

바쁘고, 바쁘며, 바쁘기만 한 우리. 우리는 어떻게 나 자신을 발견할 수 있을까? 뉴욕에서 불심을 지키며 살아가고 있는 저자에게 내 자신 속에 존재하고 있는 '본질적인 선'을 발견하는 법을 듣는다.

즉흥 설득의 기술
진부한 영업멘트는 집어치워라

스티브 야스트로우 지음 · 정희연 옮김

우리는 식상한 영업 멘트에 얼마나 지쳤는가. 설득은 준비된 번지르르한 말이 아니라 경청과 즉흥적인 대화를 통해 이루어질 수 있다.

▍경제 · 경영

심플하게 스타트업
단지 세 마디의 휴지만 있어도 당신의 일을 시작할 수 있다

마이크 미칼로위츠 지음 · 송재섭 옮김

화장실에서 볼일을 시원하게 봤는데, 걸려 있는 휴지는 달랑 세 마디뿐!
그 상황이면 아마도 그 세 마디 휴지를 효율적으로 쓰기 위해 갖은 애를 쓰다가 결국, 어떻게든, 해결하고 화장실을 나올 것이다. 모든 일이 그렇게 시작한다.

어떻게 경영할 것인가
경영에서 반드시 부딪치게 되는 76가지 문제와 그 해법

제임스 맥그래스 지음 · 김재경 옮김

경영을 하다 보면 매우 바쁜 와중에도 문제는 발생한다.
그 문제를 해결할 실질적이고 효과적인 답변을 들을 수 있다면? 그것도 '지금 바로' 말이다. 바로 그 핵심질문에 대한 즉답!

실행이 전략이다
어떻게 리더들은 최저의 시간을 들여 최고의 성과를 얻는가?

로라 스택 지음 · 이선경 옮김

숨 가쁘게 빠르게 돌아가고 있는 비즈니스 환경에서, 전략만 세우고 있다가 시기를 놓치거나 유연하게 대응하지 못해서 기회를 놓친 사례가 얼마나 많은가? 효율적으로 전략을 '즉시' 실행으로 옮길 수 있는 최적의 방법을 소개한다.

패러독스의 힘
하나가 아닌 모두를 갖는 전략

데보라 슈로더-사울니어 지음 · 임혜진 옮김

우리는 비즈니스를 하면서 언제나 선택의 딜레마에 빠진다.
대표적으로 안정과 변화가 그것이다. 안정 "혹은" 변화가 아니다 안정 "그리고" 변화다. 패
러독스를 관리할 수 있는 자가 "힘"을 얻는다.

당신은 혁신가입니까
성공한 CEO에게 듣는 기업문화 만들기

아담 브라이언트 지음 · 유보라 옮김

변혁의 시대에 혁신의 문화를 만들어내지 못한 기업은 도태되고 만다. 현재 가장 주목 받고
있는 CEO들에게 어떻게 창조와 혁신이 살아 숨쉬는 문화를 만들어냈는지 그 비법을 들어
본다.

컨트라리언 전략
거꾸로 생각하면 사업이 보인다

이지효 지음

세계적인 경영컨설팅회사 베인앤컴퍼니가 대한민국 기업에게 제시하는 희망의 메시지.
진정한 창조경제의 힌트를 발견한다. 〈한국경제, 기회는 어디에 있는가〉의 저자

모든 경영의 답
베스트 경영이론 활용 89가지

제임스 맥그래스, 밥 베이츠 지음 · 이창섭 옮김

경영 사상가의 위대한 이론이 이 작은 책 안에 고스란히 담겨 있다. 경제생활을 하는 직장
인 모두에게 반드시 필요한 필독서다.

나는 즐거움 주식회사에 다닌다
즐거움이 곧 성과다

리차드 셰리단 지음 · 강찬구 옮김

회사의 목표는 수익이다. 그 누구도 즐거움이라고 말하지 않는다.
하지만 당신이라면 일을 맡길 때 즐거움을 추구하는 팀에게 맡기겠는가? 아니면 수익만을
추구하는 팀에게 맡기겠는가? 즐거움이 목표인 회사를 만나보자.

온난화라는 뜻밖의 횡재
기후변화를 사업기회로 만드는 사람들

맥켄지 펑크 지음 · 한성희 옮김

자원, 물, 영토 전쟁이 시작된다.

기후변화와 함께 기회도 이미 시작되었다. 온난화로 대변되는 기후변화를 사업의 기회
로 삼으려는 노력이 일어나고 있다.

해피 워크
행복한 직장의 모든 것은 직장 상사로 통한다

질 가이슬러 지음 · 김민석 옮김

훌륭한 상사가 훌륭한 직장을 만든다. 훌륭한 직장 상사는 어떤 평가를 받고 또한 부하
직원에게 어떤 피드백을 해주는가?
질 가이슬러의 행복한 직장을 만드는 워크숍을 따라 해보자.

광팬은 어떻게 만들어지는가
레이디 가가에게 배우는 진심의 비즈니스

재키 후바 지음 · 이예진 옮김

이 책은 새로운 것을 창조하거나 변화를 시도할 때 꼭 필요하다.
– 세스 고딘, 『보랏빛 소가 온다』의 저자

믿고 지지해주는 광팬이 있다면 누구나 성공할 수 있다.

SNS 앱경제 시대 유틸리티 마케팅이 온다
정보가 보편화된 시대의 소비자와 마케팅의 본질적 변화

제이 배어 지음 · 황문창 옮김

뉴욕타임즈 베스트 셀러 왜 더 이상 광고는 통하지 않는가?
SNS 앱 경제 시대 소비자는 어떻게 변했는가? 그렇다면 무엇을 해야 하는가?
마케팅의 본질을 흔드는 시원한 해법

빅데이터 게임화 전략과 만나다
로열티 3.0 = 동기+빅데이터+게임화 전략

라자트 파하리아 지음 · 조미라 옮김

뉴욕타임즈, 월스트리트 저널 베스트 셀러
글로벌 혁신 컨설팅 회사 IDEO 출신의 저자가 말하는 로열티 3.0

치열하게 읽고 다르게 경영하라

안유석 지음

사업이 성공하기 위해서는 A부터 Z까지를 갖추어야 하고, 이 책은 그 해답을 준다 책 · 생각 · 경험 · 이론을 읽고 사업을 변화시킨 사업가의 이야기

적게 일하고도 많이 성취하는 사람의 비밀

로라 스택 지음 · 조미라 옮김

칼퇴근 하면서도 야근하는 사람보다 일 잘하는 방법
더 적게 일하는 것이 낫다, 그러면 일을 더 잘 하고 집중력을 높일 수 있게 될 것이다.

존중하라
존중받는 직원이 일을 즐긴다

폴 마르시아노 지음 · 이세현 옮김

존중 받는 직원이 되고 싶은가? 그렇다면 이 책을 꼭 읽어보라
직원들이 진정으로 일을 즐기게 만들기 위한 분명한 조언과 지침을 제공하는 책!

▮정치 · 사회

미치광이 예술가의 부활절 살인
20세기를 뒤흔든 모델 살인사건과 언론의 히스테리

해럴드 셰터 지음 · 이화란 옮김

아리따운 모델이 나체로 살해된다. 공교롭게도 살인 현장은 전 미국을 떠들썩하게 만든 살인 사건이 일어났던 '빅맨 플레이스'. 사건의 진실이 무엇이든 간에 선정성만을 노리는 언론은 정신없이 모여들어 그들만의 허구를 만들어낸다. 과연 진실은 무엇이며, 인간이란 무엇인가?

할인 사회
소비 3.0 시대의 행동 지침서

마크 엘우드 지음 · 원종민 옮김

제값을 주고 사면 왜 손해라고 느껴지지? 지금 온 세상은 세일 중이다. 그러나 그것이 진짜 세일일까? 이 책은 소비 3.0 시대에 올바로 찾아야 할 소비의 길과 세상의 게임이 어떻게 돌아가는지 보여 줄 것이다.

실패의 사회학
실패, 위기, 재앙, 사고에서 찾은 성공의 열쇠

메건 맥아들 지음 · 신용우 옮김

정당한 실패를 용인하는 사회는 어떤 발전을 이루었는가, 어떤 실수가 실패까지 연결되는가, 그리고 또 누가 넘어져서도 한 줌의 흙이라도 들고 일어서는가. 실패의 역사 속에서 발전과 퇴보를 하는 차이점은 과연 무엇인가. 실패, 그 잔인한 성공의 역사를 살펴본다.

에세이

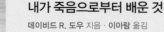

남자를 말하다
세계의 문학가들이 말하는 남자란 무엇인가?

칼럼 매캔 엮음 · 윤민경 옮김

에세이, 단편 그리고 충고까지 세계적 작가들이 '남자'를 말한다.
『속죄』의 이언 매큐언, 『연을 쫓는 아이』의 할레드 호세이니, 『악마의 시』의 살만 루시디, 『세월』의 마이클 커닝햄 등 80명의 문학가가 감동적이고, 미소 짓게 하고, 생각을 하게 하는 이야기를 들려준다.

내가 죽음으로부터 배운 것

데이비드 R. 도우 지음 · 이아람 옮김

사형제도에 대해 전 미국의 여론을 환기시켰던 사형수 담당 변호사,
데이비드 R. 도우가 이제 주변의 죽음을 바라보며 가슴을 저미는 삶의 이야기를 펼쳐 놓는다.

베어 그릴스의 서바이벌 스토리

베어 그릴스 지음 · 하윤나 옮김

영웅이란 무엇이며 생존이란 무엇인가.
베어 그릴스의 인생을 설계해준 위대한 '진짜' 생존 이야기들

섹스 앤 더 웨딩

신디 츄팩 지음 · 서윤정 옮김

〈섹스 앤 더 시티〉 작가가 털어 놓는 '와이프로서의 라이프'
결혼이란 사랑이자 현실이며, 또한 감동이다.
로맨틱 코미디와 같은 사랑을 꿈꾸는 사람을 위한 진짜 결혼 이야기.

여자들이 원하는 것이란

데이브 배리 지음 · 정유미 옮김

미국에서 가장 웃기는 사나이 데이브 배리의
아주 웃기고 쬐금 도움되는 자녀교육(?)과 자질구레한 이야기.

늑대를 구한 개
버림받은 그레이 하운드가 나를 구하다
스티븐 울프, 리넷 파도와 지음 · 이혁 옮김

허리 통증때문에 혼자 걷지도 못하게 된 변호사. 경견 장에서 쫓겨나 버림 받은 그레이 하운드.
화려했던 시절을 보내고 바닥에 내려앉은 두 영혼이 서로를 의지하며 새로운 삶을 개척해
나가는 감동 실화

저녁이 준 선물
아빠의 빈 자리를 채운 52번의 기적
사라 스마일리 지음 · 조미라 옮김

군인인 남편의 파병 기간 동안, 세 아들에게 아빠의 빈 자리를
채워주려는 한 주부의 기적 같은 저녁 식사 프로젝트가 시작된다. 전 미국인이 감동한
실화.